Spatzen & Spätzle

Traditionell · Herzhaft · Süß

AVA VERLAG

Spatzengenuss für alle

Spätzle gibt es in vielen Formen. Sie können gehobelt, gedrückt und geschabt werden. Die Grundzutaten sind immer die gleichen. Je nach Geschmack und Vorliebe können Rezepte ergänzt und abgewandelt werden. Spätzle sind süß, herzhaft, klassisch oder ausgefallen ein echter Genuss.

Wir haben es uns zur Aufgabe gemacht, eine bunte Spätzle-Rezept-Serie zu kreieren, die Rezepte zu erproben und zu verfeinern. Es ist uns gelungen, Tradition und Moderne zu vereinen. Eine echte Bereicherung für Küche und Gaumen.

In diesem Kochbuch finden Sie vom Klassiker wie Allgäuer Kässpätze, Rinderrouladen oder Zwiebelrostbraten mit Spätzle über schnelle Gerichte wie Spätzle-Omelett und Südtiroler Spinatspätzle bis hin zu »Spätzle zum Mitnehmen« wie Linsen-Knöpfle-Salat und Zwiebel-Spätzle-Tarte. Und zu guter Letzt werden die Spätzle noch in himmlische Süßspeisen verwandelt.

Lassen Sie sich überraschen und genießen Sie die unverwechselbare Spätzlevielfalt.

Für Spätzle mit Käse gibt es übrigens viele Begriffe: Chäschnöpfli (Schweiz), Käsknöpfle (Vorarlberg), Kasspatzln (Tirol) oder Kässpätzle/Kässpatzâ/Kässpatzn (Schwaben).

Verwendete Abkürzungen

g = Gramm
EL = Esslöffel
TL = Teelöffel
ml = Milliliter
Pck. = Päckchen
Msp. = Messerspitze
l = Liter

Inhaltsverzeichnis

Weizen
-TYPE 405-
Spätzles Mehl
Grieß

Grundzutaten für Spätzle

Um gute Spätzle zu machen, braucht man nicht viel – Spätzlesmehl, Grieß, Salz, Eier und Wasser. Da die Zutaten so einfach sind, sollte natürlich auf eine gute Qualität geachtet werden, denn umso besser die Zutaten, umso besser sind natürlich auch die Spätzle.

Das Mehl

Grundsätzlich kann man nahezu jedes Mehl zum Spätzle machen hernehmen, vom haushaltsübliche Weizenmehl Type 405 über Dinkelmehl Type 630 oder Roggenmehl Type 815 bis hin zu Vollkornmehlen oder sogar glutenfreie Mehle, letztendlich ist es Geschmacksache. Da alle Mehle unterschiedliche Eigenschaften haben und die Flüssigkeit unterschiedlich stark aufnehmen, muss im Grundrezept die Flüssigkeitsmenge angepasst und eventuell die Quellzeit erhöht werden – da hilft nur Ausprobieren.

Das Spätzlesmehl

Im Süden Deutschlands stellt nahezu jede Mühle ein spezielles Spätzlesmehl her, das natürlich die besten Eigenschaften für den perfekten Spätzleteig mitbringt. Meist besteht es aus einer Mischung aus Weizenmehl, Weizendunst und/oder feinem Grieß, die Spätzle werden dadurch kerniger und haben mehr Biss. Weizendunst oder auch doppelgriffiges Weizenmehl ist gröber gemahlen als normales glattes Weizenmehl, kann dadurch die Flüssigkeit gleichmäßiger aufnehmen und klumpt nicht, braucht aber etwas Zeit zum Quellen. Dunst liegt im Mahlgrad zwischen glattem Mehl und Grieß. Im Supermarkt findet man immer öfters sogenanntes „Pasta- und Spätzlemehl", das oft einen großen Anteil an Hartweizengrieß enthält und sehr kernige Spätzle ergibt. Für etwas feinere Spätzle einfach ein Drittel glattes Mehl daruntermischen.

Der Grieß

Als Grieß wird grob gemahlenes Getreide, meist Weizen, bezeichnet. Er hat eine sehr grobkörnige Struktur. Grieß sorgt für den Biss in den Spätzle: Falls für den Teig ein glattes Mehl verwendet wird, empfiehlt es sich immer 1–2 EL Hartweizen hinzuzufügen. In vielen Spätzlemehlen ist schon Grieß untergemischt, dann kann der obligatorische Löffel Grieß auch weggelassen werden, aber auch das ist Geschmacksache.

Das Salz

Salz ist wie in fast allen Rezepten auch beim Spätzlerezept essenziell, denn fade schmeckende Spätzle will schließlich keiner. Auch im Kochwasser darf es nicht fehlen. Seit Jahrtausenden wird Salz in der Küche verwendet, wobei es früher noch ein begehrtes Handelsgut war. Heute findet man es selbstverständlich in jeder Küche. Unser Körper braucht schließlich Salz um zu überleben, aber nur in Maßen, also auch bei den Spätzle nicht übertreiben.

Die Eier

Die Eier geben den Spätzle den guten Geschmack und deshalb sollte immer auf eine gute Eiqualität geachtet werden. Man sagt grob, dass man ein Ei je 100 Gramm Mehl für Spätzle verwendet, aber mal ein Ei mehr oder weniger ist kein Weltuntergang, dann einfach die Flüssigkeitsmenge im Teig verringern oder erhöhen. Da Eier in unterschiedlichen Gewichtsklassen angeboten werden, ist die benötigte Flüssigkeitsmenge im Teig so oder so nicht immer die selbe und muss angepasst werden. Ein Ei in Größe S hat ein Gewicht von weniger als 53 g, M zwischen 53 und 63 g, l 63 bis 73 g und alle Eier schwerer als 73 g werden als XL-Eier bezeichnet. Wussten Sie, dass in Deutschland nur Hühnereier als „Ei" im Handel bezeichnet werden dürfen? Alle anderen Eier müssen eine genaue Bezeichnung wie zum Beispiel Entenei haben.
Eier sind durch ihr hochwertiges Eiweiß eine optimale Proteinquelle und enthalten Vitamin A, E und K sowie Folsäure, Zink, Eisen und Omega-3-Fettsäuren.

Das Wasser

Die Menge des Wassers, die zum Spätzleteig hinzugefügt wird, sollte immer an die Art des Mehles beziehungsweise die Mehlmischung und die Eiergröße angepasst werden. Also lieber mit etwas weniger Wasser beginnen und dann nach und nach etwas mehr unterschlagen. Leitungswasser ist das in Deutschland am strengsten kontrollierte Lebensmittel – kein Wunder, denn Wasser ist schließlich das wichtigste Lebensmittel. Es spricht also nichts dagegen, Leitungswasser für den Spätzleteig zu verwenden – aber immer kaltes Wasser, sonst wird der Teig zäh und kleisterartig.
Es spricht aber auch einiges dafür, Mineralwasser für den Teig zu verwenden, denn die Kohlensäure sorgt für lockere Spätzle und gegen ein paar wertvolle Mineralstoffe und Spurenelemente, die im Mineralwasser enthalten sind, ist nichts einzuwenden.
Für cremigere Spätzle kann das Wasser im Teig auch durch Milch ersetzt werden, oder probieren Sie mal einen Spätzleteig mit Bier. Für bunte Spätzle ersetzt man das Wasser auch zum Beispiel durch Rote Beete-Saft.

(Die Rezepte in diesem Buch wurden mit einem regionalen Spätzlesmehl aus Weizenmehl, Weizendunst und Hartweizengrieß, mit Eiern der Größe M und Mineralwasser zubereitet.)

Gehobelt, gedrückt oder geschabt

Spätzle gibt es in verschiedenen Arten und Formen, kurze gehobelte, lange gedrückte oder geschabte. Die Form ist von zwei grundlegenden Faktoren abhängig: vom Gerät, das zur Zubereitung genutzt wird, sowie von der Konsistenz des Teigs.
Ganz traditionell werden Spätzle vom Spätzlebrett geschabt, diese Technik erfordert allerdings etwas Übung. Für ungeübte Spätzlesköchinnen und -köche gibt es eine Vielzahl an Gerätschaften, die das Zubereiten kinderleicht machen.

Das Spätzlebrett mit Schaber

Zum traditionellen Schaben der Spätzle braucht man ein Brett mit Griff. Spezielle Spätzlebretter haben eine abgeflachte Kante, damit lassen sich die Spätzle leichter ins Wasser schaben. Zum Schaben benutzt man einen speziellen leicht schrägen Spätzleschaber, es klappt aber auch mit einem normalen Teigschaber, einem stumpfen Messer oder einer Teigpalette.
Technik: Das Brett wird im Kochwasser angefeuchtet, der Teig auf das Brett gestrichen und nach unten dünn ausgestrichen. Dann werden mit dem Schaber lange, dünne Teigportionen abgestochen und ins Wasser geschabt, dabei kann die Kante des Bretts leicht ins Wasser getaucht werden.

Teigkonsistenz: Der Teig darf für geschabte Spätzle nicht zu flüssig sein, da er sonst vom Brett läuft.
Geschabte Spätzle sind lange dünne Spätzle, die nicht immer ganz gleichmäßig sind, aber man darf ja auch sehen, dass sie von Hand geschabt sind.

Die Spätzlepresse

Für gleichmäßige lange Spätzle ist die Spätzlepresse perfekt geeignet.
Technik: Die Spätzlepresse wird auf den Topf mit dem Kochwasser gelegt, der Teig portionsweise eingefüllt und durch in eine Kreisbewegung durch die Löcher ins siedende Wasser gedrückt. Nach dem Durchdrücken sollten die Spätzle vorsichtig umgerührt werden, damit sie nicht zusammenkleben.
Teigkonsistenz: Der Teig sollte etwas fester sein, da die Spätzle sonst direkt nach dem Durchdrücken aneinander kleben und einen Klumpen im Topf bilden. Gedrückte Spätzle sind gleichmäßige lange Spätzle. Je nach Dicke der Löcher in der Presse variiert die Dicke der Spätzle.

Der Spätzlehobel

Spätzlehobel gibt es in zwei verschiedenen Ausführungen: mit einfachen Löchern für runde Knöpfle und mit kleinen Zapfen an der Unterseite für etwas längere Spätzle.

Technik: Die Handhabung ist einfach, der Hobel wird auf den Topf mit siedendem Kochwasser gelegt, der Teig portionsweise in den Schieber/Schlitten eingefüllt und durch Vor- und Zurückschieben werden die Spätzle in den Topf gehobelt. Nach dem Hobeln die Spätzle vorsichtig umrühren.
Teigkonsistenz: Die Konsistenz des Spätzleteigs bestimmt unter anderem

die Form der Spätzle, etwas weicherer Teig ergibt eher runde Knöpfle, festerer Teig ergibt etwas längere Knöpfle. Zu fest sollte der Teig allerdings nicht sein, sonst bekommt man ihn kaum gehobelt. Gehobelte Spätzle sind meist dicklich rund und ideal für Kässpätzle und Pfannengerichte. Die mit den Zapfen gehobelten sind je nach Länge der Zapfen etwas länger als die Knöpfle.

Die Spätzereibe und der Spätzleteller

Die Spätzlereibe funktioniert ähnlich wie der Spätzlehobel, allerdings mit Teigkarte anstelle des Schiebers. Es gibt Spätzlereibe und -teller mit runden, aber auch mit länglichen Löchern.

Technik: Der Teig wird portionsweise auf der Spätzlereibe oder dem -teller platziert und nach und nach mit der Teigkarte durch die Löcher gestrichen. Der Teig lässt sich so fix verarbeiten. Auch hier sollten nach dem Durchstreichen die Spätzle vorsichtig umgerührt werden.

Teigkonsistenz: Damit der Teig duch die Löcher gestrichen werden kann, darf er nicht zu fest sein. Die Spätzleform wird dadurch bestimmt, wie weich der Teig ist und wie schnell er durch die Löcher gestrichen wird.

Die mit der Spätzlereibe hergestellten Spätzle können runde Knöpfle, aber auch etwas länglicher dicke Spätzle sein.

Was braucht man außerdem zum Spätzle machen?

Einen großen Topf für reichlich Wasser, eine Schaumkelle zum Abschöpfen und eine Schüssel mit Sieb und kaltem Wasser zum Abschrecken.

TIPP: Es empfiehlt sich, alle Gerätschaften nach der Verarbeitung des Teiges gleich mit kaltem Wasser zu reinigen, da der Spätzlesteig sehr klebrig ist und, wenn er erst getrocknet ist, wie Leim an allem haftet und die Reinigung erschwert.

Grundrezept Spätzle – Schritt für Schritt

Zutaten für 4 Personen

Für die Spätzle
400 g Spätzlesmehl
2 EL Hartweizengrieß
1 TL Salz
4 Eier
150–200 ml Mineralwasser

Zubereitung

1. Das Mehl mit dem Grieß und dem Salz vermengen, die Eier und etwas Mineralwasser dazugeben **1**. Alles mit einem Lochlöffel oder den Knethaken des Rührgeräts zu einem glatten Teig schlagen.
2. Nur so viel Wasser dazugeben **2**, bis der Teig durch das Schlagen Blasen schlägt und glatt und elastisch ist und zäh vom Löffel läuft **3**. Den Spätzleteig 20 Minuten quellen lassen.
3. Einen großen Topf mit Salzwasser aufsetzen und das Wasser zum Sieden (nicht Sprudeln) bringen.
4. Den Teig nochmals kräftig durchschlagen, falls er zu fest ist, noch einen Schluck Mineralwasser dazugeben.
5. Den Spätzlehobel mit kaltem Wasser abspülen, dann klebt der Teig nicht so, und auf den Topf

legen, etwas Teig in den Schieber füllen 4, die Spätzle ins siedende Wasser hobeln 5.
Dann die Spätzle vorsichtig umrühren, damit sie nicht zusammenkleben.

6. Die Spätzle einmal aufköcheln lassen 6, dann mit dem Schaumlöffel aus dem Topf nehmen 7 und in kaltem Wasser abschrecken, sonst kleben sie alle in der Schüssel zusammen. Dazu ein Sieb in eine Schüssel mit kaltem Wasser stellen 8, dann können die Spätzle leicht aus dem Wasser gehoben 9 und in eine Schüssel gegeben werden. Bei 50 °C im Backofen abgedeckt warm halten (oder kurz vor dem Servieren etwas Butter in einer Pfanne zerlassen und die Spätzle darin schwenken, bis sie wieder warm sind).
7. So den restlichen Teig portionsweise weiter verarbeiten.

Spätzle-Variationen

Basilikumspätzle

1 Bund frisches Basilikum, 400 g Spätzlesmehl, 1–2 EL Hartweizengrieß, 1 TL Salz, 4 Eier, 150–200 ml Mineralwasser

1. Für die Spätzle, das Basilikum fein hacken. Dann das Spätzlesmehl, den Grieß, das Salz, die Eier, das gehackte Basilikum und das Mineralwasser zu einem Teig schlagen, 20 Minuten quellen lassen.
2. Die Spätzle mit dem Spätzleshobel zubereiten.

TIPP Der Kräuterauswahl sind keine Grenzen gesetzt. Wie wäre es zum Beispiel mit Schnittlauch, Petersilie, Bärlauch oder einer Mischung aus mehreren Kräutern?

Tomatenspätzle

400 g Spätzlesmehl, 1–2 EL Hartweizengrieß, 1 TL Salz, 4 Eier, 2 EL Tomatenmark, 100–150 ml Mineralwasser

1. Für die Spätzle das Spätzlesmehl, den Grieß, das Salz, die Eier, Tomatenmark und das Mineralwasser zu einem Teig schlagen, 20 Minuten quellen lassen.
2. Die Spätzle mit dem Spätzleshobel zubereiten.

TIPP Auf diese Weise können Spätzle mit verschiedenen Pasten verfeinert werden, zum Beispiel mit Paprikamus (Ajvar) oder Pesto.

Kurkumaspätzle

400 g Spätzlesmehl, 1–2 EL Hartweizengrieß, 1/2–1 TL Kurkuma, 1 TL Salz, 4 Eier, 150–200 ml Mineralwasser

1. Für die Spätzle das Spätzlesmehl, den Grieß, das Kurkumapulver, das Salz, die Eier und das Mineralwasser zu einem Teig schlagen, 20 Min. quellen lassen.
2. Die Spätzle mit dem Spätzleshobel zubereiten.

TIPP So lassen sich die Spätzle mit verschiedenen Gewürzen verfeinern, zum Beispiel auch mit Paprikapulver oder Curry.

Spätzle mit Milch

400 g Spätzlesmehl, 1–2 EL Hartweizengrieß, 1 TL Salz, 4 Eier, 150–200 ml Milch

1. Für die Spätzle das Spätzlesmehl, den Grieß, das Salz, die Eier und die Milch zu einem Teig schlagen, 20 Minuten quellen lassen.
2. Die Spätzle mit dem Spätzleshobel zubereiten.

TIPP Die Milch macht die Spätzle etwas cremiger und reichhaltiger.
Übrige Spätzle im Kühlschrank höchstens 2 Tage lagern.

Vegane Spätzle ohne Ei

400 g Spätzlesmehl, 1–2 EL Hartweizengrieß, 1 TL Salz, 1 TL Öl, 300–350 ml Mineralwasser

1. Für die Spätzle das Mehl, den Grieß, das Salz und das Mineralwasser zu einem Teig schlagen, 20 Minuten quellen lassen.
2. Die Spätzle mit dem Spätzleshobel zubereiten.

TIPP Da die Spätzle ohne Ei sehr blass sind, 1–2 Messerspitzen Kurkuma hinzufügen für etwas gelblichere Spätzle. Für den Eiergeschmack nur eine Prise Salz plus 1/2 TL indisches Schwarzsalz (Kala Namak) verwenden.

Kartoffelspätzle

300 g kalte gekochte geschälte Kartoffeln (mehligkochend), 300 g Spätzlesmehl, 1 TL Salz, 4 Eier, 200 ml Milch, etwas Mineralwasser, Muskat

1. Für die Spätzle die Kartoffeln durch die Kartoffelpresse drücken oder stampfen, mit dem Spätzlesmehl, dem Salz,den Eiern und der Milch zu einem Teig schlagen. So viel Mineralwasser dazugeben, dass der Teig Blasen wirft und zäh vom Löffel läuft. Mit etwa Muskat nach Belieben würzen und 10 Minuten quellen lassen.
2. Die Spätzle mit dem Spätzleshobel zubereiten.

TIPP So lassen sich auch Kartoffeln vom Vortag zu feinen Spätzle verarbeiten.

Kleine Käsekunde

Für schmackhafte würzige Kässpätzle braucht man einen würzigen Käse. Die richtige Mischung aus Allgäuer Bergkäse, Allgäuer Emmentaler, Backsteinkäse und Weißlacker macht's. Aber was ist die richtige Mischung? Genau da scheiden sich die Geister und jede Kässpätzlesköchin und jeder Kässpätzleskoch würde eine andere Antwort geben.
Traditionell werden für Allgäuer Kässpatzen selbstverständlich Allgäuer Käsesorten verwendet.

Allgäuer Emmentaler

Ursprünglich kommt Emmentaler aus der Schweiz, wird aber seit dem 19. Jahrhundert auch im Allgäu hergestellt. Die Bezeichnung „Allgäuer Emmentaler" ist eine geschützte Ursprungsbezeichnung und nur Emmentaler, der in den Landkreisen Oberallgäu, Ostallgäu, Unterallgäu, Lindau am Bodensee oder Ravensburg sowie in den Städten Kaufbeuren, Kempten und Memmingen gekäst wird, darf so genannt werden. Außerdem muss er aus silofreier Rohmilch, sprich Heumilch, hergestellt werden. Für ein Kilogramm Emmentaler werden 12 Liter Milch benötig.
Der Allgäuer Emmentaler ist ein Hartkäse mit 45 % Fett in der Trockenmasse. Typischerweise hat er große Löcher, der Teig ist hellgelb und fein, die Rinde fest, trocken und gelbbraun. Die 70–120 kg schweren Emmentaler-Laibe reifen mindestens drei Monate und entwickelt dadurch einen milden nussigen Geschmack.

Allgäuer Bergkäse

Auch die Bezeichnung „Allgäuer Bergkäse" unterliegt dem Ursprungsschutz, und wie sein großer Bruder, der Allgäuer Emmentaler, darf er nur so bezeichnet werden, wenn er in den Landkreisen Oberallgäu, Ostallgäu, Unterallgäu, Lindau am Bodensee oder Ravensburg sowie in den Städten Kaufbeuren, Kempten oder Memmingen hergestellt wird.
Meist wird er in kleinen Betrieben wie Sennhütten in den Allgäuer Alpen oder kleinen Talkäsereien gekäst. Die Herstellung des Bergkäses ähnelt sehr der Herstellung des Emmentalers.
Der Allgäuer Bergkäse ist ein Hartkäse mit 45–50% Fett in der Trockenmasse. Er hat kaum Löcher und der Teig ist etwas dunkler als der des Emmentalers. Die Bergkäse-Laibe sind kleiner und flacher und wiegen 15–50 kg. Die Reifezeit des Käses aus Rohmilch beträgt mindestens 4 Monate, aber auch bis zu einem Jahr, das Aroma entwickelt sich mit der Dauer der Reifezeit von mild-aromatisch über nussig zu würzig intensiv.

Limburger aka Backsteinkäse

Der Limburger hat seinen Ursprung in Belgien und ist nach der Provinz Limbourg benannt. Belgische Arbeiter brachten ihn im 19. Jahrhundert ins Allgäu und seitdem ist er nicht mehr wegzudenken. Umgangssprachlich wird er wegen seiner Form, die sehr einem Backstein ähnelt, auch Backsteinkäse genannt.
Der Backsteinkäse ist ein Weichkäse mit 20% Fett in der Trockenmasse. Der Käseteig ist weich, aber schnittfest, und hellgelb, die Rinde eine leicht klebrige, rotbraune Rotschmiere und der Käse ist mit kleinen unregelmäßigen Löchern durchsät. Der Backsteinkäse wird in Stangen von 200 g oder 1 kg angeboten. Er reift 3–4 Wochen in feuchten Kellern und entwickelt dabei ein würziges, pikantes Aroma. Da er sehr intensiv riecht, wird er liebevoll auch als Stinkerkäse bezeichnet.

Allgäuer Weißlacker

Der Weißlacker ist ein waschechter Oberallgäuer, denn dort wurde er 1874 das erste Mal in Wertach hergestellt. Eigentlich ist er aus einer Not heraus entstanden, denn die Brüder Anton und Josef Kramer wollten den Backsteinkäse haltbarer machen. Durch die Erhöhung des Salz- und Fettgehalts gelang es ihnen auch und der Weißlacker war geboren. Zwei Jahre später erhielt der Käse sogar das königliche Patent und ist der wohl erste patentierte Käse weltweit. Heute ist er der dritte Käse der Region Allgäu mit Ursprungsschutz und darf laut EU-Verordung nur im Regierungsbezirk Schwaben und in den Landkreisen Bodenseekreis und Ravensburg gekäst werden. Tatsächlich wird er aber nur noch in einer einzigen Käserei in Sonthofen hergestellt und es kennen angeblich auch nur zwei Menschen die genaue Rezeptur.

Der Allgäuer Weißlacker ist ein halbfester Schnittkäse mit 45% Fett in der Trockenmasse, der aus pasteurisierter Milch gekäst wird. Er hat keine Rinde, der Teig ist weißlich, halbfest und hat nur wenige Löcher. Durch seine weiße lackartige Schmiere auf der Oberfläche erhielt der Weißlacker seinen Namen. Während der langen Reifezeit von bis zu 15 Monaten entwickelt der Käse einen stark pikanten bis scharfen Geschmack, und weil er regelmäßig mit Salz eingerieben wird, ist er auch sehr salzig.

Welcher Käse gehört denn nun in die Kässpätzle?

Letztendlich ist es Geschmacksache. Mag man lieber sehr würzige Kässpätzle, dann sollte der Anteil an würzigem Bergkäse und Backsteinkäse oder Weißlacker erhöht werden. Wer etwas milderen Käsegeschmack bevorzugt, nimmt mehr Emmentaler. Probieren Sie einfach, welche Käsekombination Ihnen am besten schmeckt, denn genau das ist die richtige Mischung.

Spätzle übrig? Was mach ich damit?

Spätzle können grundsätzlich gekühlt und wieder erwärmt werden. Hierzu ist es wichtig, dass die Spätzle nach dem Kochen abgeschreckt wurden, denn sonst kleben sie zu einem Spätzleklumpen zusammen und sind nur schwer wieder zu erwärmen.

Aufbewahren im Kühlschrank oder Gefrierschrank

Im Kühlschrank halten die Spätzle in einer gut verschlossenen Dose oder Schüssel etwa 5 Tage. Spätzle, die mit Milch oder Quark anstelle von Wasser zubereitet wurden, werden schneller sauer und halten gekühlt etwa 3 Tage.
Sollen die Spätzle länger aufbewahrt werden, empfiehlt es sich, diese tiefzukühlen. So geht's: Die abgekühlten Spätzle auf einem mit Backpapier ausgelegten Backblech ausbreiten, so dass sie nicht aneinander kleben. In den Gefrierschrank legen bis sie gefroren sind, dann in eine Gefrierdose oder -beutel umfüllen. So können immer einzelne Portionen entnommen werden und die Spätzle frieren nicht zu einem Klumpen zusammen. Natürlich können die Spätzle auch gleich in der Dose oder dem Beutel eingefroren werden. Tiefgefroren halten die Spätzle mindestens 6 Monate.

Spätzle aufwärmen

In der Pfanne: Etwas Butter in einer beschichteten Pfanne zerlassen, die Spätzle dazugeben und darin schwenken und so lange erhitzen, bis sie wieder warm sind.
Im Backofen: Die Spätzle auf einem gefetteten Backblech verteilen, eventuell ein paar Butterflocken darauf verteilen, dann bei 80–100° etwa 15–20 Minuten lang erwärmen, währenddessen ein, zwei Mal durchmengen.
Im Topf: Einen großen Topf mit Salzwasser zum Köcheln bringen, die Spätzle hineingeben und 1 Minute darin erwärmen, abgießen und sofort servieren.

In der Mikrowelle: Die Spätzle portionsweise auf einen Teller geben, mit etwas Wasser beträufeln und einen Stich Butter dazugeben. Bei niedriger Stufe kurz erwärmen.
Die gefrorenen Spätzle können, wenn sie portionsweise entnehmbar sind, direkt aus dem Gefrierschrank ebenso in der Pfanne oder im Topf erwärmt werden, sie brauchen ein paar Minuten länger. Wenn sie zu einem Klumpen zusammengefroren sind, erst in einem Sieb etwas antauen lassen.

Kapitel 1

Die Klassiker

Jeder kennt sie, jeder liebt sie. Diese Spätzle-Klassiker schmecken nach Heimat, denn so hat die Großmutter sie früher schon für uns gekocht.

Probieren Sie Kässpätzle auch mal mit gerösteten Semmelbrösel anstelle der Röstzwiebeln.

Allgäuer Kässpätzle – Schritt für Schritt

Zutaten für 4–6 Personen

500 g Spätzlesmehl
2 EL Hartweizengrieß
1–2 TL Salz
etwas Muskat
5 Eier
175–250 ml Mineralwasser
150–200 g Allgäuer Emmentaler
150–200 g Allgäuer Bergkäse
150–200 g Limburger oder Weißlacker
Butter zum Fetten und Braten
3–4 Zwiebeln
etwas Mehl

Zubereitung

1. Für die Spätzle aus dem Spätzlesmehl, dem Grieß, dem Salz, dem Muskat, den Eiern und dem Mineralwasser den Spätzlesteig schlagen und 20 Minuten quellen lassen – siehe auch Grundrezept Seite 14.
2. Den Emmentaler und den Bergkäse reiben, vom Limburger bzw. Weißlacker die orange Käseschmiere leicht mit dem Messer abkratzen, dann den Käse in Scheiben schneiden – falls er zu weich ist, erst schneiden, wenn geschichtet wird und den weichen Käse gleich auf die Spätzle legen. Den Backofen auf 80 °C vorheizen. Eine Allgäuer Käsespatzen-Schüssel oder eine große Auflaufform fetten.
3. Die Spätzle mit dem Spätzleshobel portionsweise ins siedende Wasser hobeln, mit der

Schaumkelle direkt schichtweise in die Kässpätzleform geben. Jede Schicht Spätzle reichlich mit dem geriebenen Käse bestreuen und mit den Limburger- bzw- Weißlacker-Scheiben belegen. Bis die nächste Portion Spätzle fertig ist, in den warmen Backofen stellen. So schichten, bis aller Spätzlesteig aufgebraucht ist, mit einer Schicht geriebenem Käse abschließen. Die Kässpätzle wieder in den Ofen geben.

4. Die Zwiebel schälen, halbieren, in feine Halbringe schneiden, mit etwas Mehl bestäuben und etwas Salz würzen. In einer Pfanne mit Butter goldbraun rösten.
5. Anschließend über die Kässpätzle verteilen und servieren. Dazu passt ein knackiger grüner Salat.

4

5

Allgäuer Filettopf

Zutaten für 4 Personen

Für die Spätzle
400 g Spätzlesmehl
1–2 EL Hartweizengrieß
1 TL Salz
4 Eier
150–200 ml Mineralwasser

Für das Filet
600 g Filet (Schwein, Kalb und Rind)
2 Zwiebeln
Knoblauchöl zum Braten
125 ml trockener Weißwein
200 ml Rinderfond
50 ml Sahne
200 g geriebener Allgäuer Bergkäse
1/2 Bund Schnittlauch
Salz und Pfeffer nach Belieben

Zubereitung

1. Für die Spätzle aus dem Spätzlesmehl, dem Grieß, dem Salz, den Eiern und dem Mineralwasser einen Spätzlesteig herstellen und 20 Minuten quellen lassen. Den Backofen auf 80 °C Ober-/Unterhitze vorheizen.
2. Das Filet je in 2 cm dicke Scheiben schneiden und mit Salz und Pfeffer würzen. Die Zwiebeln schälen und fein würfeln. In einer Pfanne etwas Öl erhitzen und die Filetstücke nacheinander von beiden Seiten 2–3 Minuten anbraten und im vorgeheizten Ofen warm stellen.
3. Die Zwiebel in derselben Pfanne andünsten, alles mit dem Weißwein ablöschen und 2 Minuten einkochen lassen, dann mit dem Fond und der Sahne aufgießen und mit Salz und Pfeffer abschmecken.
4. Den Spätzlesteig mit dem Spätzleshobel zu Knöpfle hobeln – siehe auch Grundrezept Seite 14. Knöpfle in eine feuerfeste Form geben, mit der Hälfte der Soße, dem in Röllchen geschnittenen Schnittlauch und der Hälfte des Käses vermengen. Die Filetstücke auf den Knöpfle verteilen, mit der restlichen Soße übergießen und dem restlichen Käse bestreuen. Die Ofentemperatur auf 200 °C erhöhen und den Allgäuer Filettopf überbacken. Backzeit: 10–15 Minuten bei 200 °C Ober-/Unterhitze (180 °C Umluft)
5. Den Allgäuer Filettopf servieren. Dazu passt ein frischer grüner Salat.

Gaisburger Marsch

Zutaten für 4 Personen

Für die Brühe
4 Zwiebeln
1 Bund Suppengrün
2 Rinderbeinscheiben (ca. 800 g)
2 Lorbeerblätter
5 Wacholderbeeren
1 TL schwarze Pfefferkörner
5 Pimentkörner
2 Karotten
300 g festkochende Kartoffeln
etwas Butter
1/2 Bund Schnittlauch
Salz und Pfeffer nach Belieben

Für die Spätzle
200 g Spätzlesmehl
1 EL Hartweizengrieß
1/2 TL Salz
2 Eier
75–100 ml Mineralwasser

Zubereitung

1. Für die Brühe zwei Zwiebeln mit der Schale halbieren, das Bund Suppengrün vorbereiten: alles waschen, schälen und in grobe Stücke schneiden.
2. In einem Topf die Zwiebelhälften mit der Schnittseite nach unten ohne Fett bräunen, das Suppengemüse dazugeben und mit 1,5–2 Litern Wasser aufgießen. Die Beinscheiben, die Lorbeerblätter, die Wacholderbeeren, die Pfeffer- und Pimentkörner und 1 TL Salz dazugeben und aufkochen. Anschließend bei schwacher Hitze 1,5–2 Stunden zugedeckt köcheln lassen. Den entstehenden Schaum immer wieder abschöpfen.
3. In der Zwischenzeit die Spätzle zubereiten, dazu das Spätzlemehl, den Grieß, Salz, die Eier und das Mineralwasser zu einem Teig schlagen, 20 Minuten quellen lassen und mit dem Spätzleshobel Knöpfle hobeln – siehe Grundrezept S. 14.
4. Die zwei Karotten schälen und in dünne Scheiben schneiden, die Kartoffeln schälen und würfeln.
5. Die Beinscheiben aus der Brühe nehmen, das Fleisch von den Knochen lösen und in Würfel schneiden. Die Brühe abgießen und aufkochen, die Kartoffelwürfel in der Brühe 20 Minuten garen, nach 5 Minuten Garzeit die Karottenscheiben mitgaren.
6. Zwei Zwiebeln in feine Ringe schneiden und in etwas Butter rösten.
7. Die Spätzle und die Fleischwürfel in die heiße Brühe geben und heiß werden lassen. Alles mit Salz und Pfeffer abschmecken.
8. Den Schnittlauch in feine Röllchen schneiden und kurz vor dem Servieren in die Suppe geben. Die Suppe mit den gerösteten Zwiebeln servieren.

Gulasch mit Knöpfle

Zutaten für 4–6 Personen

Für das Gulasch
3 Zwiebeln
2 Paprika
2 Tomaten
1 kg Rindergulasch
2 EL Tomatenmark
250 ml trockner Rotwein
oder Schwarzbier
400 ml Rinderbrühe
3 Stiele Thymian
frische Petersilie
Öl zum Braten
Salz und Pfeffer nach Belieben

Für die Knöpfle
400 g Spätzlesmehl
1–2 EL Hartweizengrieß
1 TL Salz
4 Eier
150–200 ml Mineralwasser

Zubereitung

1. Für das Gulasch die Zwiebeln schälen und würfeln, die Tomaten waschen und in Würfel schneiden, die Paprika putzen und in Stücke schneiden.
2. In einem Topf etwas Öl erhitzen und portionsweise die Fleischwürfel kräftig von allen Seiten anbraten, aus dem Topf nehmen und mit Salz und Pfeffer würzen. Die Zwiebelwürfel im selben Topf glasig dünsten, die Tomaten und das Tomatenmark dazugeben und kurz mit anschwitzen. Das Fleisch zurück in den Topf geben, alles mit dem Wein bzw. Bier ablöschen und aufkochen, anschließend 3 Minuten köcheln lassen, dann die Brühe und die Thymianzweige dazugeben. Alles einmal aufkochen und zugedeckt 1,5 Stunden bei schwacher Hitze schmoren lassen.
3. Die Paprika dazugeben und weitere 30 Minuten schmoren.
4. In der Zwischenzeit die Spätzle zubereiten, dazu das Spätzlesmehl, den Grieß, das Salz, die Eier und das Mineralwasser zu einem Teig schlagen, 20 Minuten quellen lassen und mit der Spätzlespresse lange Spätzle durchdrücken oder mit dem Spätzleshobel Knöpfle hobeln – siehe auch Grundrezept Seite 14.
5. Das Gulasch mit Salz und Pfeffer abschmecken, mit frisch gehackter Petersilie und den Knöpfle servieren.

Krautspatzen

Zutaten für 4 Personen

Für die Spätzle
400 g Spätzlesmehl
1–2 EL Hartweizengrieß
1 TL Salz
4 Eier
150–200 ml Mineralwasser

Außerdem
300 g Sauerkraut
1 Zwiebel
200 g Bauchspeck
etwas Butterschmalz
Salz und Pfeffer

Zubereitung

1. Für die Spätzle das Spätzlesmehl, den Grieß, das Salz, die Eier und das Mineralwasser zu einem Teig schlagen, 20 Minuten quellen lassen und mit dem Spätzleshobel Knöpfle hobeln – siehe auch Grundrezept Seite 14.
2. Das Sauerkraut gut abtropfen lassen, die Zwiebel schälen und fein würfeln, den Bauchspeck in dünne Streifen oder Würfel schneiden.
3. In einer Pfanne etwas Butterschmalz erhitzen, die Speckwürfel und die Zwiebelwürfel darin andünsten, die Spätzle und das Sauerkraut dazugeben, gut vermengen und alles zur gewünschten Bräune anbraten.
4. Die Krautspatzen mit Salz und Pfeffer abschmecken und servieren.

Allgäu
Hof-Milch
AUS DEM ALLGÄU
SEIT 2016
ORIGINAL ALLGÄUER KÄSSPATZEN
NUR ECHT MIT UNSEREM ALLGÄUER WEIßLACKER!
Hof-Milch
ORIGINAL
SPÄTZLE KÄS'
MIT WEIßLACKER
WÜRZIG & PIKANT
Allgäu
Hof-Milch
AUS DEM ALLGÄU
ALLGÄUER WEIßLACKER
ALLGÄUER KÄSESCHMANKERL NACH DEM ORIGINALREZEPT DER GEBRÜDER KRAMER
PIKANT & WÜRZIG
Heumilch
BIO
GIBT'S AUCH IN BIO!
Unser Allgäuer Weißlacker ist die Geheimzutat für deine Kässpatzen, wie du sie aus dem Allgäu kennst! Der würzig-pikante halbfeste Schnittkäse sorgt für den ganz besonderen Geschmack und wird nach dem Originalrezept der Erfinderbrüder Kramer in Sonthofen gekäst. Er ist ein echtes Urgestein und der erste patentierte Käse der Welt. Auch pur auf gebuttertem Brot, mit einer Vinaigrette aus Essig, Öl und Zwiebeln oder modern interpretiert auf Burgern und in Aufläufen, ist der Weißlacker ein wahrer Genuss. Einfach Guuuat!
Hier findest du uns:
Hof-Laden Sonthofen
Theodor-Aufsberg-Straße 10
87547 Sonthofen
www.hof-milch.de
REGIONAL. NACHHALTIG. HEUMILCHVERLIEBT.

Linsen mit Spätzle

Zutaten für 4 Personen

Für die Linsen
1–2 Karotten
1 Zwiebel
2 EL Butter
1 EL Mehl
1 EL Tomatenmark
250 g Tellerlinsen
1 TL Majoran
2 Lorbeerblätter
5 Wacholderbeeren
200 g geräucherter Bauchspeck
750–1000 ml
Rinder- oder Gemüsebrühe
2–3 EL Essig, Salz, Pfeffer und
Zucker nach Belieben
4 Paar Saitenwürstchen
(Wiener Würstchen)
frische Petersilie nach Belieben

Für die Spätzle
400 g Spätzlesmehl
1–2 EL Hartweizengrieß
1 TL Salz
4 Eier
150–200 ml Mineralwasser

Zubereitung

1. Für die Linsen die Karotten und die Zwiebel schälen und fein würfeln. In einem großen Topf die Butter erhitzen und die Karotten- und Zwiebelwürfel darin andünsten, mit dem Mehl bestäuben und das Tomatenmark dazugeben, kurz mitdünsten. Die Linsen, den Majoran, die Lorbeerblätter und die Wacholderbeeren dazugeben, mit 750 ml Brühe aufgießen und gut umrühren. Den Speck dazugeben und alles aufkochen, bei schwacher Hitze 25–30 Minuten zugedeckt köcheln lassen, dabei gelegentlich umrühren, bis die Linsen gar sind (siehe auch Linsenverpackung). Etwas mehr Brühe hinzufügen falls nötig.
2. In der Zwischenzeit die Spätzle zubereiten, dazu das Spätzlesmehl, den Grieß, 1 TL Salz, die Eier und das Mineralwasser zu einem Teig schlagen, 20 Minuten quellen lassen und mit der Spätzlespresse lange Spätzle durchdrücken oder mit dem Spätzleshobel Knöpfle hobeln – siehe auch Grundrezept Seite 14.
3. Das Lorbeerblatt, die Wacholderbeeren und den Speck aus den Linsen nehmen, mit Essig, Salz, Pfeffer und einer Prise Zucker abschmecken. Den Speck und die Würstchen in den Linsen erwärmen. Linsen mit frischer gehacker Petersilie und den Spätzle servieren.

Zu den Rinderrouladen mit Spätzle passt Rotkohl sehr gut.

Rinderrouladen

Zutaten für 4 Personen

Für die Rouladen
4 Scheiben Rinderrouladen à 175 g
4 TL Dijon-Senf
8 feine Scheiben Speck
4 Gewürzgurken
2 Zwiebeln
1 Bund Suppengrün
Öl zum Braten
1 EL Tomatenmark
200 ml Rotwein
400 ml Rinderfond
2 Lorbeerblätter
5 Wacholderbeeren
2 Zweige Rosmarin
etwas Stärke zum Binden
Salz und Pfeffer nach Belieben

Für die Spätzle
400 g Spätzlesmehl
1–2 EL Hartweizengrieß
1 TL Salz
4 Eier
150–200 ml Mineralwasser

Zubereitung

1. Die Rinderrouladen platt klopfen, mit Salz und Pfeffer würzen, mit je einem Teelöffel Senf bestreichen, je zwei Scheiben Speck auf das Fleisch legen. Die Gurken längs in Streifen schneiden, ein Zwiebel schälen, halbieren und in feine Halbringe schneiden. Die Gurkenstreifen und Zwiebelringe an einem kurzen Ende auf die Rouladen legen, die Seiten einschlagen und aufrollen. Die Enden mit Zahnstocher, Rouladenspießen oder Küchengarn fixieren.

2. Die zweite Zwiebel schälen, halbieren und in würfel schneiden. Das Suppengrün waschen, putzen und in grobe Stücke schneiden.

3. In einem Bräter etwas Öl erhitzen, die Rouladen darin rundherum scharf anbraten und aus dem Bräter nehmen. Die Zwiebel darin andünsten, das Suppengemüse dazugeben und mitdünsten. Das Tomatenmark hinzufügen, mit dem Rotwein ablöschen und auf ein Drittel einkochen. Die Rouladen wieder in den Bräter geben und mit dem Rinderfond aufgießen. Lorbeerblätter, Wacholderbeeren und Rosmarin hinzufügen und aufkochen. Dann bei schwacher Hitze zugedeckt 1,5–2 Stunden schmoren lassen.

4. In der Zwischenzeit die Spätzle zubereiten, dazu das Spätzlesmehl, den Grieß, 1 TL Salz, die Eier und das Mineralwasser zu einem Teig schlagen, 20 Minuten quellen lassen und mit beliebigem Gerät verarbeiten – siehe auch Grundrezept S. 14.

5. Die Rouladen aus dem Bräter nehmen und warm stellen. Die Soße abgießen, mit etwas Stärke binden und mit Salz und Pfeffer abschmecken.

6. Rouladen mit der Soße und den Spätzle servieren, dazu passt auch Rotkohl sehr gut.

Probieren Sie die sauren Bohnen auch mal mit dicken grünen Bohnen anstelle der Buschbohnen.

Saure Bohnenspatzen

Zutaten für 4 Personen

Für die Spätzle
400 g Spätzlesmehl
1–2 EL Hartweizengrieß
1 TL Salz
4 Eier
150–200 ml Mineralwasser

Für die sauren Bohnen
500 g Bohnen
etwas Bohnenkraut
1 Zwiebel
150 g gewürfelter Speck
1 EL Butter
2 EL Mehl
200 ml kalte Gemüsebrühe
2 Lorbeerblätter
5 Pimentkörner
1–2 EL Essig
Salz und Pfeffer
nach Belieben

Zubereitung

1. Für die Spätzle aus dem Spätzlesmehl, dem Grieß, dem Salz, den Eiern und dem Mineralwasser einen Spätzlesteig herstellen und 20 Minuten quellen lassen.
2. Die Bohnen waschen, die Enden abschneiden und in Stücke schneiden. In einem Topf reichlich Wasser mit etwas Salz zum Kochen bringen und die Bohnen mit etwas Bohnenkraut darin etwa 10 Minuten garen. Die Bohnen in Eiswasser abschrecken, so behalten sie ihre grüne Farbe. Vom Bohnenwasser 300 ml auffangen.
3. Die Zwiebel schälen und fein würfeln. Die Speckwürfel in einem Topf anbraten und aus der Pfanne nehmen. Die Butter in die Pfanne geben und die Zwiebeln darin glasig dünsten, mit dem Mehl bestäuben und leicht bräunen. Unter kräftigem Rühren nach und nach mit der kalten Brühe aufgießen, anschließend 200 ml Bohnenwasser unterrühren. Die Lorbeerblätter und Pimentkörner dazugeben und alles offen bei schwacher Hitze einkochen lassen, dabei gelegentlich umrühren.
4. Währenddessen die Spätzle mit der Spätzlespresse zubereiten – siehe auch Grundrezept Seite 14.
5. Die Lorbeerblätter und Pimentkörner aus der eingekochten Soße nehmen, den Essig nach Belieben einrühren. Die Bohnen und den Speck hinzufügen und darin wieder erwärmen, eventuell nochmals mit Salz, Pfeffer und Essig abschmecken. Die sauren Bohnen mit den Spätzle servieren.

Zwiebelrostbraten

Zutaten für 4 Personen

Für die Spätzle
400 g Spätzlesmehl
1–2 EL Hartweizengrieß
1 TL Salz
4 Eier
150–200 ml Mineralwasser

Für den Rostbraten
2 große Zwiebeln
4 EL Mehl
Rapsöl zum Frittieren oder
Butter zum Anschwitzen
4 Rumpsteaks
1 Schalotte
2 Tomaten
200 ml trockener Rotwein
400 ml Rinderfond
Salz, Pfeffer und Zucker
nach Belieben

Zubereitung

1. Für die Spätzle das Spätzlesmehl, den Grieß, das Salz, die Eier und das Mineralwasser zu einem Teig schlagen, 20 Minuten quellen lassen und mit dem Spätzleshobel Knöpfle hobeln – siehe auch Grundrezept Seite 14. Knöpfle warm stellen.
2. Die Zwiebeln schälen, halbieren und in feine Halbringe schneiden, mit dem Mehl vermengen und in Rapsöl in einem keinen Topf goldgelb frittieren oder ohne Mehl in etwas Butter in einer Pfanne anschwitzen.
3. Die Rumpsteaks mit Salz und Pfeffer würzen und in etwas Öl von beiden Seiten jeweils 3–4 Minuten anbraten, auf einen warmen Teller legen und zugedeckt 5 Minuten ruhen lassen.
4. Die Schalotte schälen und fein würfeln, die Tomaten in kleine Würfel schneiden, dann die Schalottenwürfel in der Pfanne, in der das Fleisch angebraten wurde, glasig dünsten, die Tomaten dazugeben und einige Minuten mitdünsten. Alles mit dem Rotwein ablöschen, kurz einköcheln, dann mit dem Rinderfond aufgießen. Die Soße pürieren oder durch ein Sieb passieren und mit Salz, Pfeffer und einer Prise Zucker abschmecken.
5. Die gerösteten Zwiebeln auf den Rumpsteaks verteilen und mit den Spätzle und der Soße servieren. Dazu passt ein grüner Salat.

Baldauf Käse
Natürlich. Allgäu. Seit 1862.
Allgäuer Heumilch
Allgäuer Kässpätzleglück ...

Kapitel 2

Ein Topf voll Spätzlesglück

Spätzle machen glücklich, das steht außer Frage. In einer heißen Suppe oder einem deftigen Eintopf wärmen sie die Seele.

Curry-Topf mit Kokos-Kurkuma-Spätzle

Zutaten für 4–6 Personen

Für die Spätzle
100 g Spätzlesmehl
2 EL Kokosraspel
1 Ei
1/2 TL Kurkuma
1/4 TL Salz
50 ml Mineralwasser

Für den Curry-Topf
1 Zwiebel
2 Karotten
1 Paprika
500 g Brokkoli
2 Hähnchenbrustfilets
2 EL Rapsöl
1 TL grüne Currypaste
1 TL Currypulver
1 Dose Kokosmilch
700 ml Gemüsebrühe
2 Lauchzwiebel
Salz und Pfeffer nach Belieben

Zubereitung

1. Für die Spätzle den Teig zubereiten, dazu das Spätzlesmehl, die Kokosraspel, Salz, Kurkuma, das Ei und das Mineralwasser zu einem Teig schlagen, 20 Minuten quellen lassen.
2. Für den Curry-Topf die Zwiebel schälen und fein würfeln, die Karotte schälen und in feine Streifen schneiden, die Paprika entkernen und ebenfalls in Streifen schneiden, den Brokkoli putzen und in Röschen schneiden, die Stiele würfeln. Die Hähnchenbrustfilets in Streifen schneiden, das Öl in einem großen Topf erhitzen und die Filetstreifen darin anbraten, Zwiebel dazugeben und mitbraten. Die Currypaste und das -pulver zufügen und kurz mit anrösten.
Die Karotten- und die Paprikastreifen hinzufügen, 2 Minuten mitdünsten, dann mit Kokosmilch und Brühe ablöschen und aufkochen.
Den Brokkoli hinzufügen und alles 8–10 Minuten garen.
3. Währenddessen die Spätzle mit dem Spätzlesdrücker zubereiten – siehe Grundrezept Seite 14.
4. Den Curry-Topf mit Salz und Pfeffer abschmecken. Die Lauchzwiebel in feine Ringe schneiden und mit den Spätzle zum Curry geben, eventuell nochmals warm werden lassen und servieren.

Gemüsesuppe mit Hühnchen und Spätzle

Zutaten für 4–6 Personen

Für die Hühnerbrühe
1 Bund Suppengemüse
2 Zwiebeln
1 EL Rapsöl
1 küchenfertiges Suppenhuhn
1 TL Pfefferkörner
1 TL Salz
1 Prise Zucker
2 Lorbeerblätter
5 Wacholderbeeren

Für die Spätzle
100 g Spätzlesmehl
1 EL Hartweizengrieß
1 Ei
1/4 TL Salz
50 ml Mineralwasser

Für die Suppeneinlage
3 Karotten
3 Stangen Staudensellerie
200 g TK-Erbsen
frischer Schnittlauch oder Petersilie
Zucker
Salz und Pfeffer

Zubereitung

1. Das Suppengrün säubern und in grobe Stücke schneiden. Die Zwiebeln halbieren und in einem großen Topf ohne Fett an den Schnittstellen 3 Minuten rösten und aus dem Topf nehmen. Öl in den Topf geben und das Suppengrün kurz andünsten. Das Suppenhuhn daraufsetzen und mit Wasser aufgießen, so dass das Huhn bedeckt ist. Die Zwiebelhälften und die Gewürze dazugeben und aufkochen. Bei geringer Hitze 1,5 Stunden köcheln lassen, den dabei entstehenden Schaum immer wieder abschöpfen.
2. Das Huhn aus der Brühe nehmen. Die Brühe durch ein sehr feines Sieb (mit Passiertuch) abgießen.
3. Für die Spätzle aus dem Spätzlesmehl, dem Grieß, dem Salz, den Eiern und dem Mineralwasser einen Spätzlesteig herstellen und 20 Minuten quellen lassen.
4. Das Fleisch des Suppenhuhns von den Knochen lösen und in Stücke schneiden. Die Karotten und den Sellerie in Scheiben schneiden.
5. Die Hühnerbrühe aufkochen, die Karotten, den Sellerie und die Erbsen dazugeben und alles etwa 10 Minuten bissfest garen.
6. Währenddessen die Spätzle mit dem Spätzlesdrücker zubereiten – siehe Grundrezept Seite 14.
7. Die Suppe mit Zucker, Salz und Pfeffer abschmecken, das Fleisch und die Spätzle in die Suppe geben, mit frischen Kräutern servieren.

Linseneintopf mit Saitenwürstchen und Spätzle

Zutaten für 4–6 Personen

Für die Spätzle
100 g Spätzlesmehl
1 EL Hartweizengrieß
1 Ei
1/4 TL Salz
50 ml Mineralwasser

Für den Eintopf
1 Zwiebel
2 Karotten
1 kleines Stück Knollensellerie
1 Petersilienwurzel
2 EL Butter
125 g gewürfelter Speck
1 EL Tomatenmark
150 g Berglinsen oder Alblinsen
2 EL Apfelessig
1300 ml Rinderbrühe
1 TL getrockneter Thymian
3 Lauchzwiebel
4 Saitenwürstchen
(Wiener Würstchen)
1 TL Dijon-Senf
etwas frische Petersilie
Salz, Pfeffer und Zucker
nach Belieben

Zubereitung

1. Für die Spätzle aus dem Spätzlesmehl, dem Grieß, dem Salz, den Eiern und dem Mineralwasser einen Spätzlesteig herstellen und 20 Minuten quellen lassen.
2. Für den Eintopf die Zwiebel, die Karotten, den Sellerie und die Petersilienwurzel schälen und in feine Würfel schneiden. In einem großen Topf die Butter erhitzen, die Speckwürfel darin anbraten, die Zwiebel dazugeben und glasig dünsten. Dann das Tomatenmark hinzufügen und kurz mit anrösten. Die Linsen unterrühren und alles mit dem Essig ablöschen und einkochen lassen. Die Rinderbrühe dazugießen, den Thymian hinzufügen und alles aufkochen lassen. Die Hitze reduzieren und 15 Minuten offen köcheln lassen. Die restlichen Gemüsewürfel hinzufügen und weitere 15 Minuten köcheln.
3. Währenddessen die Spätzle mit dem Spätzleshobel zubereiten – siehe Grundrezept Seite 14.
4. Die Würstchen in Scheiben und die Lauchzwiebel in Ringe schneiden und zum Eintopf geben, 3 Minuten mitköcheln lassen. Den Eintopf mit Senf, Salz, Pfeffer und einer Prise Zucker abschmecken. Zum Schluss die Spätzle hinzufügen und noch mal kurz im Eintopf warm werden lassen. Den Eintopf mit fein gehackter frischer Petersilie servieren.

Minestrone mit Pesto-Spätzle

Zutaten für 4–6 Personen

Für die Pesto-Spätzle
100 g Spätzlesmehl
1 EL Hartweizengrieß
40 g Pesto
1 Ei
1/4 TL Salz
50 ml Mineralwasser

Für die Minestrone
1 Zwiebel
1–2 Knoblauchzehen
2 Karotten
2 Stangen Staudensellerie
1 Zucchini
125 g gewürfelter Speck
Olivenöl zum Braten
2 EL Tomatenmark
1 EL Zucker
1 Dose Kirschtomaten
1 l Gemüsefond
1 Dose weiße Bohnen
1–2 EL Balsamico bianco
Salz und Pfeffer nach Belieben
6 TL Pesto zum Servieren

Zubereitung

1. Für die Spätzle aus dem Spätzlesmehl, dem Grieß, dem Salz, den Eiern und dem Mineralwasser einen Spätzlesteig herstellen und 20 Minuten quellen lassen.
2. Für die Minestrone die Zwiebel und die Knoblauchzehen schälen und fein würfeln. Die Karotten schälen und in Scheiben schneiden, den Sellerie und die Zucchini ebenfalls in Scheiben schneiden.
3. In einem großen Topf den Speck in etwas Öl anbraten, die Zwiebel- und Knoblauchwürfel dazugeben und 2 Minuten mit andünsten. Das Tomatenmark hinzufügen und 1 Minute mitdünsten. Den Zucker, die Kirschtomaten und den Gemüsefond dazugeben und aufkochen, anschließend bei schwacher Hitze bei geschlossenem Deckel 10 Minuten köcheln lassen. Die Zucchini hinzufügen und weitere 8 Minuten köcheln.
4. Währenddessen die Spätzle mit dem Spätzleshobel zubereiten – siehe Grundrezept Seite 14.
5. Die Minestrone mit Salz, Pfeffer und Zucker abschmecken. Die weißen Bohnen abgießen und abwaschen und mit den Spätzle zur Minestrone geben und erwärmen.
6. Minestrone mit je 1 TL Pesto servieren.

Paprika-Knöpfle mit Hackbällchen

Zutaten für 4–6 Personen

Für die Spätzle
100 g Spätzlesmehl
1 Ei
1 EL Paprikapaste (Ajvar)
1/4 TL Paprikapulver
1/4 TL Salz
25–50 ml Mineralwasser

Für den Eintopf
2 Zwiebeln
1 rote Paprika
1 gelbe Paprika
1 Maiskolben
2 EL Rapsöl
1 TL getrockneter Majoran
1 TL Paprikapulver (rosenscharf)
2 EL Paprikapaste (Ajvar)
600 ml Rinderbrühe
2 Dosen à 400 g stückige Tomaten
500 g Hackfleisch
1 Ei
250 g grüne Bohnen
Salz, Pfeffer und Zucker nach Belieben
etwas frische Petersilie

Zubereitung

1. Für die Spätzle das Spätzlesmehl, das Ajvar, das Paprikapulver, das Salz, das Ei und das Mineralwasser zu einem Teig schlagen, 20 Minuten quellen lassen.
2. Für den Eintopf die Zwiebeln schälen und fein würfeln, die Paprika entkernen und in Stücke schneiden, die Maiskörner vom Kolben schneiden.
3. In einem großen Topf das Öl erhitzen, die Zwiebelwürfel darin glasig dünsten, die Paprika und die Maiskörner dazugeben und ein paar Minuten mitdünsten, Majoran, Paprikapulver und Ajvar dazugeben, mit der Rinderbrühe ablöschen, die Tomaten Stückchen dazugeben und zum Kochen bringen.
4. Das Hackfleisch mit dem Ei vermengen, gut mit Salz und Pfeffer würzen und 18 kleine Bällchen formen. Die Bällchen in den Eintopf geben und zugedeckt bei schwacher Hitze 20 Minuten garen. Die Bohnen putzen und nach 10 Minuten in den Eintopf geben.
5. Währenddessen die Spätzle mit dem Spätzleshobel zubereiten – siehe Grundrezept Seite 14.
6. Den Eintopf mit Salz, Pfeffer und Zucker abschmecken, die Spätzle dazugeben und eventuell noch mal darin erwärmen. Mit frischer gehackter Petersilie servieren.

Anstelle des Wirsings
auch mit Weißkohl oder
Spitzkohl ein Genuss.

Wirsing-Eintopf mit Hack und Spätzle

Zutaten für 4–6 Personen

Für die Spätzle
100 g Spätzlesmehl
1 EL Hartweizengrieß
1 Ei
1/4 TL Salz
50 ml Mineralwasser

Für den Eintopf
1 Kopf Wirsing
1 Zwiebel
200 g braune Champignons
1 EL Rapsöl
300 g Hackfleisch
1 l Rinderbrühe
200 g Schmand oder Sahne
gemahlener Kümmel
Salz und Pfeffer nach Belieben
frischer Schnittlauch

Zubereitung

1. Für die Spätzle aus dem Spätzlesmehl, dem Grieß, dem Salz, den Eiern und dem Mineralwasser einen Spätzlesteig herstellen und 20 Minuten quellen lassen.
2. Für den Eintopf die äußeren Blätter des Wirsings entfernen, den Wirsing halbieren und in dünnen Streifen vom Strunk schneiden. Die Zwiebel schälen und fein würfeln, die Champignons putzen und vierteln.
3. In einem großen Topf das Öl erhitzen und das Hackfleisch darin krümelig braten, die Zwiebeln dazugeben und glasig dünsten. Den Wirsing und die Pilze hinzufügen und 3 Minuten unter Rühren mitgaren, dann mit der Brühe aufgießen und bei schwacher Hitze bei geschlossenem Deckel 10–15 Minuten garen.
4. Währenddessen die Spätzle mit dem Spätzlesdrücker zubereiten – siehe Grundrezept Seite 14.
5. Den Schmand oder die Sahne in den Eintopf einrühren und alles mit Kümmel, Salz und Pfeffer abschmecken. Zum Schluss die Spätzle unterrühren, noch mal warm werden lassen und mit frischem Schnittlauch servieren.

Küchen Ecke ...

„Erleben Sie die Welt der Küche."

Wir beraten Sie sehr gerne.

Ihr

Helmut Weser und Markus Jäger

(Geschäftsführer)

Kapitel 3

Spätzle für jede Gelegenheit

Der Vielfalt von Spätzle sind keine Grenzen gesetzt. Sie passen überall dazu und sind bei jeder Gelegenheit gerne mit auf dem Teller.

Auch kalt gemischt als Salat sehr fein.

Basilikumspätzle mit Parmaschinken

Zutaten für 4 Personen

Für die Spätzle
1 Topf Basilikum
400 g Spätzlesmehl
1–2 EL Hartweizengrieß
1 TL Salz
4 Eier
150–200 ml Mineralwasser

Außerdem
700 g Cocktail-Rispentomaten
3 EL Olivenöl
1 EL flüssiger Honig
2 Zehen Knoblauch
3 EL Pinienkerne
8–12 dünne Scheiben Parmaschinken
Parmesan am Stück
Salz und Pfeffer nach Belieben

Zubereitung

1. Die Basilikumblätter (bis auf ein paar zum Garnieren) abzupfen und fein hacken.
2. Für die Spätzle das Spätzlesmehl, den Grieß, das Salz, die Eier, das gehackte Basilikum und das Mineralwasser zu einem Teig schlagen, 20 Minuten quellen lassen.
3. Den Backofen vorheizen und eine Auflaufform bereitstellen. Die Tomaten waschen und in die Form legen. Das Olivenöl mit dem Honig verrühren und über die Tomaten träufeln, mit Salz und Pfeffer würzen, die Knoblauchzehen schälen und dazulegen. Im vorgeheizten Ofen garen. Backzeit: 20–25 Minuten bei 200 °C Ober-/ Unterhitze (180 °C Umluft)
4. In der Zwischenzeit die Spätzle mit dem Spätzleshobel zubereiten – siehe auch Grundrezept Seite 14. Die Pinienkerne in einer Pfanne ohne Fett rösten.
5. Die Spätzle mit dem ausgetretenen Saft der Tomaten vermengen und mit den Tomaten, dem Parmaschinken, den Pinienkernen und frischen Basilikumblättern servieren. Eventuell etwas frisch gemahlen Pfeffer, Salz und Olivenöl darübergeben und mit frisch geriebenem Parmesan bestreuen.

Bauernfrühstück mit Spätzle

Zutaten für 4 Personen

Für die Spätzle
200 g Spätzlesmehl
1 EL Hartweizengrieß
2 Eier
1/2 TL Salz
75–100 ml Mineralwasser

Außerdem
1 Zwiebel
250 g Kassler/Schinken
5 Eier
100 ml Sahne
2–3 EL gehackte Petersilie oder Schnittlauch
4 Gewürzgurken
8 Kirschtomaten
Salz und Pfeffer nach Belieben

Zubereitung

1. Für die Spätzle das Spätzlesmehl, den Grieß, das Salz, die Eier und das Mineralwasser zu einem Teig schlagen, 20 Minuten quellen lassen und mit dem Spätzleshobel Knöpfle hobeln – siehe auch Grundrezept Seite 14.
2. Die Zwiebel schälen und fein würfeln, das Kassler in kleine Würfel schneiden. Die Eier mit der Sahne und der Petersilie oder dem Schnittlauch verquirlen, mit Salz und Pfeffer würzen.
3. Den Backofen vorheizen. Vier kleine Pfännchen oder ofenfeste Förmchen bereitstellen.
4. In einer Pfanne das Öl erhitzen, die Zwiebel und Kasslerwürfel darin anbraten, die Spätzle dazugeben und mitbraten. Alles gleichmäßig auf die vier Pfännchen verteilen, mit der Eiermischung übergießen und im vorgeheizten Ofen stocken lassen. Backzeit: 5–10 Minuten bei 200 °C Ober-/Unterhitze (180 °C Umluft)
5. Mit etwas frisch gemahlenem Pfeffer bestreuen und mit den Gewürzgurken und Tomaten servieren.

Hähnchen-Paprika-Pfanne mit Knöpfle

Zutaten für 4 Personen

Für die Knöpfle
400 g Spätzlesmehl
1–2 EL Hartweizengrieß
1 TL Salz
4 Eier
150–200 ml Mineralwasser

Für die Hähnchen-Paprika-Pfanne
3 Hähnchenbrustfilets
3 Paprika
1 Zwiebel
1 Knoblauchzehe
etwas Öl zum Braten
3–4 EL Paprikapaste (Ajvar)
1 TL mediterrane Kräuter
200 ml Sahne
200 ml Hühnerbrühe
Salz und Pfeffer nach Belieben
frische Petersilie

Zubereitung

1. Für die Knöpfle das Spätzlesmehl, den Grieß, das Salz, die Eier und das Mineralwasser zu einem Teig schlagen, 20 Minuten quellen lassen.
2. Das Hähnchenfleisch würfeln, die Paprika in Stücke schneiden, die Zwiebel und den Knoblauch schälen und fein würfeln.
3. Etwas Öl in einer Pfanne erhitzen, das Hähnchenfleisch darin kräftig anbraten, mit Salz und Pfeffer würzen und aus der Pfanne nehmen. Die Zwiebel in der Pfanne glasig dünsten, den Knoblauch und die Paprika dazugeben und mitdünsten, Ajvar und Kräuter hinzufügen und untermengen, mit Sahne und Brühe ablöschen und aufkochen. Alles bei schwacher Hitze 5–10 Minuten köcheln lassen.
4. In der Zwischenzeit die Knöpfle mit dem Spätzleshobel zubereiten – siehe auch Grundrezept Seite 14.
5. Das Fleisch in die Sauce geben und wieder warm werden lassen, alles mit Salz und Pfeffer abschmecken, mit frisch gehackter Petersilie bestreuen und mit den Knöpfle servieren.

Knöpfle-Leberkäs-Auflauf

Zutaten für 4 Personen

Für die Bier-Knöpfle
300 g Spätzlesmehl
1,5 EL Hartweizengrieß
3 Eier
3/4 TL Salz
75–100 ml Bier

Außerdem
1 Zwiebel
1 EL Butterschmalz
400 g Sauerkraut
2 EL Ahornsirup
50 ml Bier
1 Lorbeerblatt
6 Wacholderbeeren
400 g Leberkäse
etwas Öl
300 ml Sahne
2 TL Senf
1 Brezel vom Vortag
2 EL Butter
Salz und Pfeffer nach Belieben
frischer Schnittlauch

Zubereitung

1. Für die Spätzle das Spätzlesmehl, den Grieß, das Salz, die Eier und das Bier zu einem Teig schlagen, 20 Minuten quellen lassen.
2. Die Zwiebel schälen und fein würfeln. Das Butterschmalz in einem Topf erwärmen, die Zwiebel darin glasig dünsten, das Sauerkraut gut ausdrücken, zu den Zwiebeln geben und kurz mitdünsten, den Ahornsirup, das Bier, das Lorbeerblatt und die Wacholderbeeren dazugeben und zugedeckt 10 Minuten leicht köcheln lassen, ab und an umrühren.
3. In der Zwischenzeit den Leberkäse in Würfel schneiden und in einer Pfanne mit etwas Öl anbraten. Die Spätzle mit dem Spätzlehobel zubereiten – siehe auch Grundrezept Seite 14.
4. Den Backofen vorheizen und eine Auflaufform fetten.
5. Die Knöpfle, das Sauerkraut (ohne Lorbeerblatt und Wacholderbeeren) und die Leberkäsewürfel in Reihen in die Auflaufform geben. Die Sahne mit dem Senf verrühren, mit Salz und Pfeffer kräftig würzen und über den Auflauf verteilen. Im vorgeheizten Ofen backen.
   Backzeit: 20–25 Minuten bei 200 °C Ober-/Unterhitze (180 °C Umluft)
6. Die Brezel in Stücke schneiden und im Multizerkleinerer zu Bröseln mahlen. In einer Pfanne mit der Butter knusprig rösten.
7. Den Auflauf auf dem Ofen nehmen und 5–10 Minuten ruhen lassen. Mit Brezelbrösel und frischem Schnittlauch bestreuen und servieren.

Kräuterknöpfle mit Ratatouille-Gemüse

Zutaten für 4 Personen

Für die Spätzle
1 Bund frische Kräuter nach Wahl
400 g Spätzlesmehl
1–2 EL Hartweizengrieß
1 TL Salz
4 Eier
150–200 ml Mineralwasser

Für das Ratatouille-Gemüse
1 kleine Aubergine
2 kleine Zucchini
1 rote Paprika
1 rote Zwiebel
1 Knoblauchzehe
2 EL Rapsöl
2 EL Tomatenmark
1 EL brauner Zucker
1 TL mediterrane Kräuter
200 ml Gemüsebrühe
1 Dose Kirschtomaten (alternativ stückige Tomaten)
1 Zweig Rosmarin
1–2 TL Balsamico bianco
200 g Feta
5 EL Pesto
Salz und Pfeffer nach Belieben

Zubereitung

1. Für die Spätzle die Kräuter fein hacken. Dann das Spätzlesmehl, den Grieß, das Salz, die Eier, die gehackten Kräuter und das Mineralwasser zu einem Teig schlagen, 20 Minuten quellen lassen.
2. Für das Gemüse die Aubergine und die Zucchini waschen, die Enden entfernen und in Würfel schneiden, die Paprika waschen, den Strunk und die Kerne entfernen und in kleine Stücke schneiden. Die Zwiebel und den Knoblauch schälen und fein hacken. In einer Pfanne das Öl erhitzen, Zwiebel und Knoblauch darin glasig dünsten, Aubergine, Zucchini und Paprika dazugeben und 3 Minuten weiter dünsten. Das Tomatenmark hinzufügen und kurz mitdünsten, dann den Zucker, die Kräuter, die Brühe und die Tomaten dazugeben und aufkochen, den Rosmarinzweig dazugeben und bei schwacher Hitze 10 Minuten köcheln lassen, bis das Gemüse gar ist.
3. In der Zwischenzeit die Spätzle mit dem Spätzleshobel zubereiten – siehe auch Grundrezept Seite 14.
4. Das Gemüse mit Salz, Pfeffer und Balsamico abschmecken. Den Feta in Würfel schneiden und mit 1 EL Pesto vermengen. Die Kräuterknöpfle mit dem Ratatouille-Gemüse, den Fetawürfeln und dem extra Pesto servieren.

Kräuterrollbraten mit Spätzle und Bohnen

Zutaten für 4 Personen

Für den Rollbraten
800 g Schweinerollbraten
1 TL Senf
4 Scheiben Frühstücksspeck
50 g Frischkäse
30 g gehackte gemischte Kräuter
Öl zum Braten
600 ml Fond
1 EL Speisestärke
etwas Zuckerrübensirup
Salz und Pfeffer nach Belieben

Für die Spätzle
400 g Spätzlesmehl
1–2 EL Hartweizengrieß
1 TL Salz
4 Eier
150–200 ml Mineralwasser
2 EL Butter

Für die Bohnen
400 g Buschbohnen
etwas Bohnenkraut
50 g Speck
2 Schalotten
2 EL Butter
Salz und Pfeffer

Zubereitung

1. Für den Rollbraten das Fleisch etwas plattieren, mit Salz und Pfeffer von beiden Seiten würzen, eine Seite mit dem Senf bestreichen und mit dem Speck belegen. Den Frischkäse mit den Kräutern verrühren und mit Salz und Pfeffer würzen, die Masse auf den Speck streichen. Den Braten aufrollen und mit Küchengarn fixieren. Den Braten von allen Seiten kräftig anbraten, mit dem Fond ablöschen und zugedeckt bei schwacher Hitze 60–90 Minuten schmoren lassen.
2. In der Zwischenzeit die Spätzle zubereiten – siehe auch Grundrezept Seite 14.
3. Die Bohnen putzen und 6 Minuten mit dem Bohnenkraut in köchelndem Salzwasser blanchieren und in Eiswasser abschrecken. Den Speck und die Schalotten würfeln.
4. Kurz vor Ende der Garzeit des Bratens für die Bohnen die Butter in einem Topf erwärmen, den Speck und die Schalotten darin andünsten, die Bohnen dazugeben und erwärmen. Die Spätzle in einer Pfanne in den Butter schwenken und erwärmen.
5. Den Braten aus dem Jus nehmen, diesen absieben, aufkochen, die Stärke mit 2 EL Wasser glattrühren und in den Jus einrühren, eine Minute köcheln lassen, mit Zuckerrübensirup, Salz und Pfeffer abschmecken.
6. Den Rollbraten mit den Spätzle, den Bohnen und der Sauce servieren.

Das Ofen-kürbis-Ragout passt auch sehr gut zu Petersilien-spätzle.

Kürbisspätzle mit Ofenkürbis-Ragout

Zutaten für 4 Personen

Für die Spätzle
400 g Spätzlesmehl
1–2 EL Hartweizengrieß
1 TL Salz
4 Eier
350 g Kürbispüree
(siehe Punkt 2)
etwas Mineralwasser

Für das Ofenkürbis-Ragout
1,5 kg Hokkaido-Kürbis
3 EL Olivenöl
3 EL Kürbiskerne
1 Zwiebel
1 EL Butter
4 EL Crème fraîche
1–2 EL frisch gehackte Petersilie
Salz und Pfeffer nach Belieben
etwas Kürbiskernöl

Zubereitung

1. Den Backofen vorheizen und ein Backblech mit Backpapier auslegen. Den Kürbis waschen, halbieren, die Kerne entfernen, das Kürbisfleisch in Würfel schneiden und auf dem Backblech verteilen, mit dem Olivenöl vermengen und mit Salz und Pfeffer würzen. Im vorgeheizten Ofen rösten. Backzeit: 30–35 Minuten bei 200 °C Ober-/Unterhitze (180 °C Umluft)
2. Für die Spätzle etwa 350 g der abgekühlten Kürbiswürfel pürieren. Dann das Mehl, den Grieß, das Salz, die Eier und das Kürbispüree zu einem Teig schlagen, falls nötig noch einen Schluck Mineralwasser dazugeben. Den Teig 20 Minuten quellen lassen.
3. In der Zwischenzeit für das Ofenkürbis-Ragout Kürbiskerne in einer Pfanne ohne Fett die Kürbiskerne rösten, aus der Pfanne nehmen und beiseitestellen. Die Zwiebel schälen und in feine Würfel schneiden. Die Butter in die Pfanne geben und die Zwiebelwürfel darin glasig dünsten, die Creme fraîche und 100 ml Wasser dazugeben, verrühren, dann die restlichen Kürbiswürfel dazugeben und erhitzen, mit Salz und Pfeffer und der gehackten Petersilie abschmecken.
4. Die Spätzle mit der Spätzlespresse zubereiten – siehe auch Grundrezept Seite 14. Dann mit dem Ofenkürbis-Ragout anrichten, mit den Kürbiskernen bestreuen und mit etwas Kürbiskernöl beträufeln.

Pilzragout mit Kräuter-Knöpfle

Zutaten für 4 Personen

Für die Kräuter-Knöpfle
400 g Spätzlesmehl
1–2 EL Hartweizengrieß
1 TL Salz
4 Eier
150–200 ml Mineralwasser
3–4 EL gehackte Petersilie

Für das Pilzragout
600 g Pfifferlinge oder andere Pilze
2 Schalotten
100 g Frühstücksspeck
2 EL Butterschmalz
1–2 EL Mehl
300 ml Rinderfond
2 Stiele Thymian
1/2 Bund Petersilie
50–100 g Schlagsahne
3 EL Butter
etwas Balsamico bianco
Salz und Pfeffer nach Belieben

Zubereitung

1. Für die Knöpfle das Spätzlesmehl, den Grieß, das Salz, die Eier, das Mineralwasser und die Petersilie zu einem Teig schlagen, 20 Minuten quellen lassen.
2. Für das Ragout die Pfifferlinge säubern und je nach Größe in Stücke schneiden. Die Schalotten schälen und fein würfeln, den Speck in feine Streifen schneiden.
3. In einer großen Pfanne das Butterschmalz erhitzen, die Schalotten und den Speck darin andünsten, die Pilze dazugeben und anbraten, mit dem Mehl bestäuben und etwas weiterdünsten. Alles mit dem Fond aufgießen, aufkochen und bei schwacher Hitze 10 Minuten köcheln lassen.
4. In der Zwischenzeit die Kräuterknöpfle mit dem Spätzleshobel zubereiten – siehe auch Grundrezept Seite 14.
5. Die Blätter vom Thymian und die Petersilie fein hacken und mit der Sahne zum Pilzragout geben. Alles mit Salz und Pfeffer und ein ein wenig Balsamico bianco abschmecken.
6. Die Knöpfle eventuell in 3 EL Butter in einer Pfanne schwenken oder direkt mit dem Pilzragout servieren.

Rinderfilet mit Rosenkohl und Nuss-Spätzle

Zutaten für 4 Personen

Für die Nuss-Spätzle
300 g Spätzlesmehl
1–2 EL Hartweizengrieß
3 Eier + 1 Eigelb
3/4 TL Salz
75–100 ml Mineralwasser
2 EL Butter
50 g gemahlene Haselnüsse
oder Walnüsse

Für den Rosenkohl
700 g Rosenkohl
3 EL Olivenöl
1 EL Ahornsirup
Salz und Pfeffer
etwas dunkler Balsamico-Essig

Für das Rinderfilet und die Sauce
600 g Rinderfilet
2 Bund gemischte Kräuter
1 Knoblauchzehe
1 Eiklar
3 EL fein gehackte Haselnüsse
3 EL Semmelbrösel
125 ml trockener Rotwein
400 ml Rinderfond
1 EL Stärke
1 EL Zuckerrübensirup
Salz und Pfeffer nach Belieben

Zubereitung

1. Den Backofen vorheizen und ein Backblech mit Backpapier auslegen.
2. Den Spätzleteig zubereiten und quellen lassen.
3. Die Rosenkohlröschen putzen, jeweils halbieren, mit dem Olivenöl und dem Ahornsirup mischen, mit Salz und Pfeffer würzen und auf dem Backblech verteilen. Im vorgeheizten Ofen rösten. Backzeit: 30–35 Minuten bei 200 °C Ober-/Unterhitze (180 °C Umluft). Nach der Hälfte der Backzeit durchmischen.
4. In der Zwischenzeit die Spätzle mit der Spätzlespresse zubereiten – siehe auch Grundrezept Seite 14.
5. Das Rinderfilet in 8 gleich große Scheiben schneiden. Die Kräuter abzupfen und die Knoblauchzehe fein hacken. Das Eiklar aufschlagen, die Kräuter und den Knoblauch und sowie die Haselnüsse und Semmelbrösel unterrühren und mit Salz und Pfeffer würzen.
6. Die Filets in der Pfanne von beiden Seiten je 2 Minuten scharf anbraten, mit Salz und Pfeffer würzen. Die Kräutermischung auf den Filetstücken verteilen und 5–7 Minuten vor Backzeitende des Rosenkohls die Filets dazulegen und im oberen Drittel des Ofens überbacken.
7. Die Pfanne mit dem Rotwein ablöschen. Halb einkochen lassen, den Fond zugießen und mit der Stärke andicken. Mit Zuckerrübensirup, Salz und Pfeffer abschmecken.
8. Die Nüsse in etwas Butter anrösten und die Spätzle darin erwärmen.

Perfekt auch
für übrige
Spätzle vom
Vortag.

Spätzle-Omelett mit Brokkoli und Champignons

Zutaten für 4 Personen

Für die Spätzle
200 g Spätzlesmehl
1 EL Hartweizengrieß
2 Eier
1/2 TL Salz
75–100 ml Mineralwasser

Für das Omelett
300 g Brokkoli
1 Knoblauchzehe
2 EL Rapsöl
6 Eier
60 ml Milch
60 g geriebener Emmentaler
2 EL Schnittlauchröllchen
150 g Champignons
3 Lauchzwiebeln
Salz und Pfeffer nach Belieben

Zubereitung

1. Für die Spätzle das Spätzlesmehl, den Grieß, das Salz, die Eier und das Mineralwasser zu einem Teig schlagen, 20 Minuten quellen lassen und mit dem Spätzleshobel Knöpfle hobeln – siehe auch Grundrezept Seite 14.
2. Den Backofen vorheizen. Die Eier mit der Milch verquirlen, den Käse und den Schnittlauch unterrühren und mit Salz und Pfeffer würzen.
3. Den Brokkoli waschen und in kleine Röschen teilen, die Knoblauchzehe schälen und fein hacken. 1 EL Öl in einer ofenfesten Pfanne erhitzen, Knoblauch und Brokkoli darin 5 Minuten bei mittlerer Hitze dünsten, mit Salz und Pfeffer würzen. Alles gleichmäßig in der Pfanne verteilen und die Eiermischung darüber gießen.
   Im vorgeheizten Ofen stocken lassen.
   Backzeit: etwa 10 Minuten bei 200 °C Ober-/ Unterhitze (180 °C Umluft)
4. In der Zwischenzeit die Pilze putzen und schneiden, die Lauchzwiebeln waschen und in Ringe schneiden. In einer weiteren Pfanne 1 EL Öl erhitzen und die Pilze und Lauchzwiebelringe darin anbraten, mit Salz und Pfeffer würzen.
5. Die Pilze auf dem Omelett verteilen und gleich servieren.

Probieren Sie das Rezept auch mit Spinatspätzle oder Tomatenspätzle.

Spätzlepfanne mit Spinat und Pilzen

Zutaten für 4 Personen

Für die Spätzle
400 g Spätzlesmehl
1–2 EL Hartweizengrieß
1 TL Salz
4 Eier
150–200 ml Mineralwasser

Außerdem
1 kleine Zwiebel
300 g kleine braune Champignons
400 g jungen Blattspinat
3 EL Öl zum Braten
125 g Speckwürfel
200 ml Sahne oder Schmand
Salz und Pfeffer nach Belieben
etwas frischen Schnittlauch

Zubereitung

1. Für die Spätzle das Spätzlesmehl, den Grieß, das Salz, die Eier und das Mineralwasser zu einem Teig schlagen, 20 Minuten quellen lassen. Dann mit dem Spätzleshobel Knöpfle hobeln – siehe auch Grundrezept Seite 14.
2. Die Zwiebel schälen und fein würfeln, die Champignons putzen und in Scheiben oder Viertel schneiden, den Spinat waschen, dicke Stiele entfernen.
3. In einer Pfanne 1 EL Öl erhitzen und den Speck darin anbraten, aus der Pfanne nehmen. Einen weiteren Esslöffel Öl in die Pfanne geben und die Pilze darin anbraten, mit Salz und Pfeffer würzen und ebenfalls aus der Pfanne nehmen. Das restliche Öl in die Pfanne geben und die Zwiebeln darin glasig dünsten, die Spätzle dazugeben und goldgelb anbraten, die Pilze und den Speck wieder dazugeben, die Sahne angießen und kurz aufkochen lassen, den Spinat unterheben und zusammenfallen lassen. Alles mit Salz und Pfeffer abschmecken mit Schnittlauchröllchen bestreuen und servieren.

Die Puffer sind mit etwas Apfelmus auch sehr lecker.

Spätzlespuffer mit Kresse-Dip

Zutaten für 4 Personen

Für die Spätzle
400 g Spätzlesmehl
1–2 EL Hartweizengrieß
1 TL Salz
4 Eier
150–200 ml Mineralwasser

Für die Puffer
150 g Schinken
1 kleine Zwiebel
5 Eier
100 g Mehl
1 EL Schnittlauchröllchen
Salz und Pfeffer nach Belieben
Öl zum Braten

Für den Dip
300 g Crème fraîche
1 Schälchen Kresse
Kräutersalz und Pfeffer nach Belieben

Zubereitung

1. Für die Spätzle das Spätzlesmehl, den Grieß, das Salz, die Eier und das Mineralwasser zu einem Teig schlagen, 20 Minuten quellen lassen und mit dem Spätzleshobel Knöpfle hobeln – siehe auch Grundrezept Seite 14.
2. Für die Puffer den Schinken in kleine Würfel schneiden, die Zwiebel schälen und fein würfeln, beides in einer Pfanne mit etwas Öl anbraten und etwas abkühlen lassen.
3. Die Eier verquirlen, das Mehl kräftig unterrühren, bis keine Klümpchen mehr vorhanden sind, die abgekühlten Spätzle, Schinken und Zwiebel sowie den Schnittlauch unterrühren und mit Salz und Pfeffer würzen.
4. Für den Dip die Crème fraîche in eine kleine Schüssel geben, die Kresseblätter abschneiden und dazugeben und nach Belieben mit Kräutersalz und Pfeffer würzen.
5. In einer Pfanne mit etwas Öl 12 Puffer ausbacken, dazu die Masse mit Hilfe eines Esslöffels in die Pfanne geben und etwas plattdrücken und formen.
6. Die Spätzlepuffer mit dem Dip servieren. Dazu passt zum Beispiel ein frischer knackiger Feldsalat.

Südtiroler Spinatspätzle mit Schinken-Rahm-Sauce

Zutaten für 4 Personen

Für die Spätzle
400 g TK-Blattspinat
oder 700 g frischer Spinat
400 g Spätzlesmehl
1–2 EL Hartweizengrieß
1 TL Salz
4 Eier
75–100 ml Mineralwasser

Für die Schinken-Rahm-Sauce
200 g Südtiroler Speck
1 kleine Zwiebel
1 EL Butter
125 ml trockener Weißwein
300–400 ml Sahne
Salz und Pfeffer nach Belieben
frischer Parmesan
zum Bestreuen

Zubereitung

1. Den TK-Spinat mit etwas Wasser in einen Topf geben, aufkochen und 5–7 Minuten garen oder, bei frischem Spinat, den Spinat waschen, die Stiele entfernen und den Spinat nach und nach in einen Topf mit etwas köchelndem Wasser geben, zusammenfallen lassen und 5 Minuten garen. Den gekochten Spinat in ein Sieb abgießen, abkühlen lassen, gut ausdrücken und anschließend fein hacken.
2. Für die Spätzle das Spätzlesmehl, den Grieß, das Salz, die Eier, den gehackten Spinat und nur so viel Mineralwasser wie nötig zu einem Teig schlagen, 20 Minuten quellen lassen.
3. Den Schinken in Streifen schneiden, die Zwiebel schälen und fein würfeln. In einer Pfanne die Butter zerlassen und die Zwiebelwürfel darin glasig dünsten. Die Schinkenstreifen dazugeben und anbraten, mit dem Weißwein ablöschen und zur Hälfte einkochen lassen, dann die Sahne dazu gießen und unter Rühren aufkochen und etwas einkochen lassen, so dass eine cremige Sauce entsteht. Mit Pfeffer und eventuell etwas Salz abschmecken. Die Sauce warm halten.
4. Die Spätzle mit dem Spätzleshobel zubereiten – siehe auch Grundrezept Seite 14.
5. Die Spinatspätzle unter die Sauce mischen und gleich mit etwas frisch geriebenem Parmesan servieren.

Keine Bärlauchzeit? Einfach durch beliebige andere Kräuter ersetzen, z.B. Basilikum, Petersilie, Minze oder Rucola. Auch die Pinienkerne lassen sich ersetzen durch Walnüsse, Cashew-Kerne, Haselnüsse, Pistazien oder Mandeln.

Tomatenspätzle mit Bärlauch-Pesto

Zutaten für 4 Personen

Für die Spätzle
400 g Spätzlesmehl
1–2 EL Hartweizengrieß
1 TL Salz
4 Eier
2 EL Tomatenmark
100–150 ml Mineralwasser

Für das Bärlauch-Pesto (ergibt ca. 1 Glas à 150 ml)
1 Bund (50 g) Bärlauch
40 g Pecorino
15 g Pinienkerne
65 ml + 2 EL Olivenöl
Salz

Außerdem
3 EL Pinienkerne
frischer Parmesan

Zubereitung

1. Für die Spätzle das Spätzlesmehl, den Grieß, das Salz, die Eier, das Tomatenmark und das Mineralwasser zu einem Teig schlagen, 20 Minuten quellen lassen.
2. In der Zwischenzeit das Pesto zubereiten. Dazu den Bärlauch waschen, trocknen und grob schneiden, den Pecorino reiben und die Pinienkerne in einer Pfanne ohne Fett rösten.
3. Den Bärlauch, den geriebenen Käse und die Pinienkerne in den Zerkleinerer geben und intervallartig fein zerkleinern. Das Öl kurz unterrühren und mit Salz abschmecken. In ein steriles Glas füllen, so kann der Rest mit 2 EL Olivenöl bedeckt und gut verschlossen mindestens 3 Wochen im Kühlschrank aufbewahrt werden.
4. Die Spätzle mit dem Spätzleshobel zubereiten – siehe auch Grundrezept Seite 14.
5. Die 3 EL Pinienkerne auch rösten. Die Tomatenspätzle mit dem Pesto, den Pinienkernen und frisch geriebenem Parmesan servieren.

Die kräftige rote Farbe verdanken die Spätzle den Kirschtomaten

Überbackene Spätzle mit Mangold

Zutaten für 4 Personen

Für die Spätzle
400 g Spätzlesmehl
1–2 EL Hartweizengrieß
1 TL Salz
4 Eier
150–200 ml Mineralwasser

Außerdem
500 g Mangold
250 g Kirschtomaten
1 Zwiebel
200 g Allgäuer Bergkäse oder Emmentaler
2 EL Pinienkerne
2 EL Butter oder Öl
200 g Speckwürfel
200 ml Sahne
100 ml Milch

Zubereitung

1. Für die Spätzle das Spätzlesmehl, den Grieß, das Salz, die Eier und das Mineralwasser zu einem Teig schlagen, 20 Minuten quellen lassen. Dann mit dem Spätzleshobel Knöpfle hobeln – siehe auch Grundrezept Seite 14.
2. Den Mangold waschen, die Blätter in Streifen und die Stiele in kleine Würfel schneiden. Die Kirschtomaten waschen und vierteln, die Zwiebel schälen und fein würfeln. Den Käse reiben.
3. Den Backofen vorheizen und eine Auflaufform fetten. Die Pinienkerne in einer Pfanne ohne Fett anrösten, aus der Pfanne nehmen und beiseite stellen.
4. Die Butter in die Pfanne geben und die Zwiebel und die Speckwürfel darin andünsten, die gewürfelten Mangoldstiele dazugeben und 3 Minuten weiterdünsten, dann die Blätter und die Tomaten hinzufügen und weitere 3 Minuten dünsten. Die Spätzle, die Sahne und die Milch unterrühren, alles in die Auflaufform geben, die Pinienkerne darauf verteilen und mit dem geriebenen Käse bestreuen. Im heißen Ofen überbacken. Backzeit: etwa 20 Minuten bei 200 °C Ober-/ Unterhitze (180 °C Umluft)

Sie mögen keinen Wirsing? Auch mit Weiß-, Spitz- oder Rosenkohl ist dieses Rezept sehr schmackhaft.

Wirsing-Kabanossi-Spätzle-Auflauf

Zutaten für 4 Personen

Für die Spätzle
300 g Spätzlesmehl
1,5 EL Hartweizengrieß
3 Eier
3/4 TL Salz
75–100 ml Mineralwasser

Außerdem
1/2 Kopf Wirsing
200 g Kabanossi
100 g Kolbász
(ungarische Paprikawurst)
3 EL Öl
2 EL Mehl
400 ml Gemüsebrühe
150 g Crème fraîche
Salz, Pfeffer,
Paprikapulver und
Cayennepfeffer nach Belieben

Zubereitung

1. Den Spätzlesteig zubereiten und quellen lassen. Siehe auch Grundrezept Seite 14.
2. Den Wirsing in Streifen vom Strunk schneiden und die Kabanossi und die Kolbász würfeln.
3. Ein Löffel Öl in einer großen Pfanne erwärmen und die Wirsingstreifen darin andünsten, mit einem Schuss Wasser ablöschen, zugedeckt 5–10 Minuten garen, dabei ab und zu umrühren.
4. In der Zwischenzeit die Spätzle mit dem Spätzlehobel zubereiten – siehe auch Grundrezept Seite 14. Die Knöpfle dann in einer Auflaufform verteilen.
5. Den Wirsing mit Salz und Pfeffer würzen und auf den Knöpfle verteilen. Den Backofen vorheizen.
6. Die 2 EL Öl in die Pfanne geben, die Kabanossi und Kolbász darin anbraten, aus der Pfanne nehmen (Fett in der Pfanne lassen) und auf dem Wirsing verteilen.
7. Für die Sauce das Mehl zum Fett in die Pfanne geben und anschwitzen, nach und nach unter Rühren mit der Brühe aufgießen und eine Minute köcheln lassen. Die Crème fraîche unterrühren und alles mit Salz, Pfeffer, Paprika und Cayennepfeffer abschmecken. Die Sauce über die restlichen Zutaten in der Auflaufform gießen und im vorgeheizten Ofen backen.
   Backzeit: 20–25 Minuten bei 200 °C Ober-/Unterhitze (180 °C Umluft)
8. Den Auflauf aus dem Ofen nehmen und vor dem Servieren 5–10 Minuten ruhen lassen.

Züricher Geschnetzeltes mit Spätzle

Zutaten für 4 Personen

Für das Geschnetzelte
400 g braune Champignons
2 Schalotten
etwas Butterschmalz
500 g Kalbsgeschnetzeltes
1 EL Mehl
200 ml trockener Weißwein
200 ml Sahne
300 ml Rinderfond
Salz und Pfeffer nach Belieben
2 EL frische gehackte Petersilie

Für die Spätzle
400 g Spätzlesmehl
1–2 EL Hartweizengrieß
1 TL Salz
4 Eier
150–200 ml Mineralwasser

Zubereitung

1. Den Spätzleteig vorbereiten, dazu das Spätzlesmehl, den Grieß, das Salz, die Eier und das Mineralwasser zu einem Teig schlagen, 20 Minuten quellen lassen.
2. Für das Geschnetzelte die Champignons putzen und in Scheiben oder Achtel schneiden, die Schalotten schälen und fein würfeln. In einer tiefen Pfanne etwas Butterschmalz erhitzen, das Geschnetzelte darin portionsweise kräftig anbraten, mit Salz und Pfeffer würzen und aus der Pfanne nehmen. Dann die Champignons in der Pfanne anbraten, die Zwiebelwürfel dazugeben und glasig dünsten, alles mit dem Mehl bestäuben, kurz mit andünsten, dann mit dem Wein ablöschen und aufkochen. Etwas einkochen lassen, dann die Sahne und den Fond angießen und unter Rühren aufkochen, Hitze reduzieren und zur gewünschten Konsistenz einköcheln lassen – eventuell mit etwas mehr Mehl andicken. Das Fleisch wieder dazugeben und in der Soße erwärmen.
3. In der Zwischenzeit die Spätzle mit der Spätzlespresse zubereiten – siehe auch Grundrezept Seite 14.
4. Das Geschnetzelte mit Salz und Pfeffer abschmecken, die Petersilie unterrühren und mit den Spätzle servieren

Faszination **Nudelmaschine**

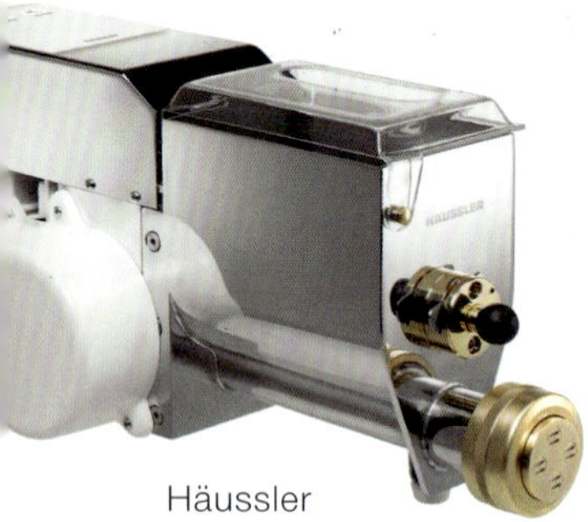

Häussler Nudelmaschine PN 100

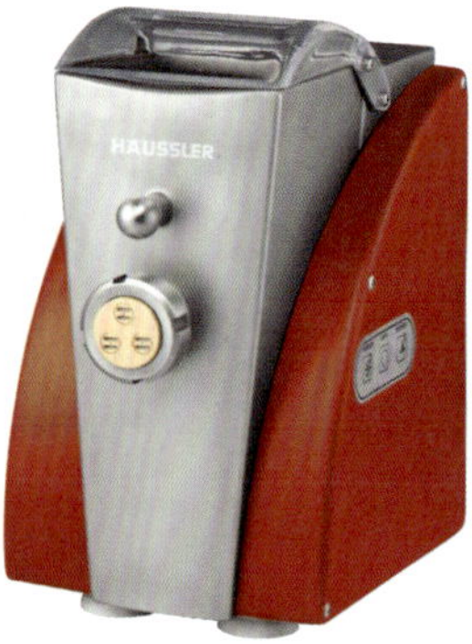

Häussler Nudelmaschine Luna

Hausgemachte Nudeln sind ein Traum: Ganz frisch, überaus köstlich und dazu das gute Gefühl zu wissen, was in den Lebensmitteln steckt. Beim Grundnahrungsmittel Nudel ist dies ein wichtiger Aspekt. Selbermachen lautet hier die Devise. Natürlich gibt es dabei auch regionale Eigenheiten. In Deutschland ist die klassische Eiernudel sehr beliebt. Hier werden dem Hartweizengrieß frisch aufgeschlagene Eier zugegeben. Eiernudeln sind sehr kochfest und stehen für Herzhaftigkeit. In Italien hat man eher die Pasta im Sinn und verzichtet oft auf die Eier. Im Gegensatz zu den Eiernudeln besteht die Pasta nur aus Hartweizengrieß und Wasser. Pasta steht für ein mediterranes Lebensgefühl mit leichten Gerichten, guten Ölen, feinem Pesto und frischen Zutaten. Selbstverständlich lassen sich auch andere Rohstoffe verwenden. Zum Beispiel Kamut oder Dinkel eignen sich hervorragend zum Nudelmachen. Aus Mais- oder Reismehl lassen sich glutenfreie Varianten zaubern. Auch das rote Linsenmehl ist sehr beliebt geworden für Low-Carb-Nudeln. Beim Nudelmachen gibt es tolle kreative Möglichkeiten. In vielen Haushalten stehen Nudeln an oberster Stelle des Speiseplans und das Selbermachen ist ein schönes Hobby. Aus diesem Grund sind die unverwüstlichen Nudelmaschinen von Häussler so beliebt.

HÄUSSLER

HÄUSSLER

Kapitel 4

Spätzle zum Mitnehmen

Spätzle sind immer gerne gesehene Gäste.
Ob beim Grillfest, bei der Geburtstagsfeier oder im Büro,
sie sind überall mit dabei.

Passt sehr gut zu Gegrilltem, in jeden Picknick-Korb und eignet sich wunderbar als Mittagessen für Schule oder Büro.

Bunter Spätzlesalat – Konfettisalat

Zutaten für 6 Personen als Beilage

Für die Spätzle
300 g Spätzlesmehl
1,5 EL Hartweizengrieß
3 Eier
3/4 TL Salz
75–100 ml Mineralwasser

Außerdem
2 Maiskolben
1 TL Zucker
150 g Erbsen (frisch oder TK)
1 rote Paprika
1 Karotte
1 rote Zwiebel
etwas Öl zum Braten
1 kleine Dose Tigerbohnen oder Kichererbsen

Für das Dressing
3 EL Joghurt
3 EL Olivenöl
1–2 EL Apfelessig
1 EL frisch gehackte Petersilie
Zucker
Salz und Pfeffer nach Belieben

Zubereitung

1. Für die Spätzle das Spätzlesmehl, den Grieß, das Salz, die Eier und das Mineralwasser zu einem Teig schlagen, 20 Minuten quellen lassen und mit dem Spätzleshobel Knöpfle hobeln – siehe auch Grundrezept Seite 14.
2. Die Maiskolben in Wasser mit dem Zucker 15–20 Minuten bei schwacher Hitze köcheln, die letzen 3–7 Minuten die Erbsen dazugeben und mitgaren, abgießen und in Eiswasser abschrecken. Die Paprika waschen und die Kerne entfernen, die Karotte waschen und schälen und die Zwiebel schälen, dann alles kleinwürfeln. Etwas Öl in einer Pfanne erhitzen, das Gemüse darin 5–8 Minuten bis zur gewünschten Bissfestigkeit andünsten, dann abkühlen lassen. Die Maiskörner von den Kolben schneiden. Die Bohnen bzw. Erbsen abgießen und mit kaltem Wasser abbrausen.
3. Die Spätzle mit dem Gemüse in eine Schüssel geben und alles vermengen.
4. Für das Dressing alle Zutaten miteinander verrühren, mit Zucker, Salz und Pfeffer abschmecken, dann zu den Spätzle geben und alles vermengen.

Kässpätzlemuffins mit zweierlei Toppings

Zutaten für 12 Stück

Für die Spätzle
300 g Spätzlesmehl
1,5 EL Hartweizengrieß
3 Eier
3/4 TL Salz
75–100 ml Mineralwasser

Für die Muffins
150 ml Sahne
1 Ei
100 g Allgäuer Emmentaler
100 g Allgäuer Bergkäse
1/2 Bund Schnittlauch
Salz, Pfeffer und Muskat nach Belieben

Für die Röstzwiebel
1–2 Zwiebel
2 EL Mehl
3 EL Butter
etwas Öl

Für die Brösel
3 EL Butter
4 EL Semmelbrösel

Zubereitung

1. Die Spätzle nach dem Grundrezept auf Seite 14 mit dem Spätzlehobel zubereiten.
2. Den Backofen vorheizen und eine Muffinform mit Papierförmchen auslegen.
3. Das Ei mit der Sahne verrühren. Den Käse reiben, 50 g beiseite stellen, den Rest zur Eiersahne geben. Den Schnittlauch in feinen Röllchen dazugeben. Kräftig mit Muskat, Salz und Pfeffer würzen und die Spätzle unterheben. Die Masse auf die Förmchen verteilen. Die Kässpätzle-Muffins im vorgeheizten Ofen backen. Backzeit: 18–20 Minuten bei 180 °C Ober-/Unterhitze (160 °C Umluft)
4. In der Zwischenzeit die Toppings zubereiten. Für die Röstzwiebeln die Zwiebeln in feine Halbringe schneiden und mit dem Mehl vermengen. In einer Pfanne die Butter mit einem Schuss Öl erhitzen und die Zwiebelringe bei mittlerer Hitze langsam bräunen, dabei nicht aus den Augen lassen und immer wieder umrühren. Wenn die Zwiebeln kross gebraten sind, aus der Pfanne nehmen und auf Küchenkrepp abtropfen lassen. Für die Brösel die Butter in die Pfanne geben und zerlassen, die Brösel untermischen und unter Rühren bräunen, aus der Pfanne nehmen und beiseitestellen.
5. Die Kässpätzle-Muffins aus dem Ofen nehmen und etwas abkühlen lassen. Die Hälfte der Muffins mit Brösel, die andere Hälfte mit Röstzwiebeln belegen und lauwarm servieren oder abkühlen lassen und zur nächsten Party mitnehmen.

Dazu passen zum Beispiel gegrillte rote Bratwürste, warme Wiener Würstchen oder eine Scheibe Leberkäse. Der Linsen-Knöpfle-Salat eignet sich auch perfekt als Mittagessen für Büro oder Schule.

Linsen-Knöpfle-Salat

Zutaten für 6 Personen als Beilage

Für die Spätzle
300 g Spätzlesmehl
1,5 EL Hartweizengrieß
3 Eier
3/4 TL Salz
75–100 ml Mineralwasser

Außerdem
150 g Berglinsen
2 Karotten
3 Lauchzwiebeln
1 EL Rapsöl

Für das Dressing
3 EL Rapsöl
1–2 EL Kräuteressig
1/2 TL Dijonsenf
6 EL Gemüsefond
1 EL frisch gehackte Petersilie oder Schnittlauch
Zucker
Salz und Pfeffer nach Belieben

Zubereitung

1. Für die Spätzle das Spätzlesmehl, den Grieß, das Salz, die Eier und das Mineralwasser zu einem Teig schlagen, 20 Minuten quellen lassen.
2. Die Linsen in einem Sieb unter kaltem Wasser abbrausen, in einen Topf geben und mit reichlich Wasser aufgießen, zum Kochen bringen und bei niedriger Hitze etwa 18–20 Minuten garen – bitte Packungsangaben beachten.
3. Die Spätzle mit dem Spätzleshobel zubereiten – siehe auch Grundrezept Seite 14.
4. Die Karotten waschen, schälen und fein würfeln, die Lauchzwiebeln waschen und in feine Ringe schneiden. Das Öl in einer Pfanne erhitzen, die Karotten darin 7–10 Minuten andünsten, die Lauchzwiebelringe dazugeben und 1 Minute weiterdünsten, dann abkühlen lassen.
5. Linsen abgießen, mit kaltem Wasser abschrecken und abkühlen lassen.
6. Die Spätzle mit den Linsen und dem Gemüse vermengen.
7. Für das Dressing die Zutaten miteinander verrühren, mit Zucker, Salz und Pfeffer abschmecken. Das Dressing über die Linsen-Knöpfle-Mischung geben und gut vermengen.

Für dieses Rezept eignen sich ganz hervorragend auch Basilikum- oder Tomatenspätzle.

Mediterraner Spatzensalat

Zutaten für 6 Personen als Beilage

Für die Spätzle
300 g Spätzlesmehl
1,5 EL Hartweizengrieß
3 Eier
3/4 TL Salz
75–100 ml Mineralwasser

Außerdem
1 rote Paprika
1 gelbe Paprika
2 Frühlingszwiebeln
8 getrocknete Tomaten in Öl
50 g Rucola
200 g Feta
150 g schwarze Oliven

Für das Dressing
4 EL Pesto
2 EL Olivenöl
2–3 EL Balsamico bianco
Zucker
Salz und Pfeffer
nach Belieben

Zubereitung

1. Für die Spätzle das Spätzlesmehl, den Grieß, das Salz, die Eier und das Mineralwasser zu einem Teig schlagen, 20 Minuten quellen lassen und mit dem Spätzleshobel Knöpfle hobeln – siehe auch Grundrezept Seite 14.
2. Die Paprika waschen, entkernen und in kleine Würfel schneiden, die Frühlingszwiebeln waschen und in feine Ringe schneiden, die getrockneten Tomaten fein hacken, den Rucola waschen und grob hacken, den Feta würfeln und die Oliven in kleine Stücke schneiden.
3. Für das Dressing alle Zutaten miteinander verrühren und mit Zucker, Salz und Pfeffer abschmecken.
4. Die Spätzle mit dem Gemüse, dem Feta und dem Dressing vermengen.

Spätzlebällchen mit Tomaten-Dip

Zutaten für 24 Bällchen

Für die Spätzle
400 g Spätzlesmehl
2 EL Hartweizengrieß
1 TL Salz
4 Eier
150–200 ml Mineralwasser

Für den Tomaten-Dip
1 kleine Zwiebel
1 Knoblauchzehe
1 EL Öl
1 EL Tomatenmark
1 Dose (400 g) stückige Tomaten
1 TL Zucker
1/2 TL getrockneter Oregano
1 Lorbeerblatt
5 Blätter frisches Basilikum
Salz, Pfeffer und Muskat
nach Belieben

Für die Bällchen
1 Zwiebel
100 g Speckwürfel
1 EL Butter
3 EL gehackte Kräuter
100 g geriebener Allgäuer
Emmentaler oder Bergkäse
2 Eier
6–8 EL Mehl
Salz und Pfeffer nach Belieben

Zubereitung

1. Die Knöpfle nach dem Grundrezept auf Seite 14 zubereiten.
2. Für den Tomaten-Dip die Zwiebel und den Knoblauch fein würfeln. In einem Topf im Öl zuerst die Zwiebeln glasig dünsten, dann den Knoblauch dazugeben und eine Minute weiterdünsten, zuletzt das Tomatenmark hinzufügen und kurz mitdünsten. Tomaten hinzufügen, Dose mit etwas Wasser ausspülen und dieses ebenfalls dazugeben. Den Zucker, den Oregano, das Lorbeerblatt sowie Salz und Pfeffer unterrühren und alles aufkochen. Bei schwacher Hitze mindestens 30 Minuten einkochen lassen.
3. Für die Bällchen die Zwiebel fein würfeln, mit den Speckwürfeln in einer Pfanne mit dem Butter andünsten. Dann mit den gehackten Kräutern, dem geriebenen Käse und den Spätzle mischen. Die Eier verquirlen und gut untermischen, dann nach und nach das Mehl untermengen, so dass eine etwas klebrige Masse entsteht, mit Salz, Pfeffer und Muskat würzen, 10–15 Minuten kalt stellen und ruhen lassen.
4. Ofen vorheizen. Aus der Spätzlemasse mit feuchten Händen 24 Bällchen formen, auf Bleche mit Backpapier verteilen. Im heißen Ofen backen. Backzeit: 15–20 Minuten bei 220 °C Ober-/Unterhitze 200 °C Umluft)
5. Den Tomaten-Dip pürieren, gehacktes Basilikum untermischen und mit Salz, Pfeffer und Zucker abschmecken. Mit den Böllchen anrichten und servieren.

Keine Zeit für Hefeteig? Mit Blätterteig aus dem Kühlregal ist die Tarte auch sehr fein.

Zwiebel-Spätzle-Tarte

Zutaten für 1 Tarte à Ø 28 cm

Für den Boden
100 ml Milch
10 g frische Hefe
1 Prise Zucker
200 g Mehl
1 Prise Salz
1 Ei
2 EL Raps- oder Olivenöl

Für die Spätzle
100 g Spätzlesmehl
1/2 EL Hartweizengrieß
1 Ei
1/4 TL Salz
50 ml Mineralwasser

Für die Füllung
100 g gewürfelter Speck
500 g Zwiebeln
30 g Butter
3 Eier
200 g Schmand
1/2 TL Thymian
100 g Allgäuer Bergkäse
100 g Allgäuer Emmentaler
Salz und Pfeffer nach Belieben

Außerdem
Butter und Mehl für die Form

Zubereitung

1. Für den Boden die Milch erwärmen. Die Hefe in eine kleine Schale krümeln, den Zucker und die Milch dazugeben und gut verrühren, 10 Minuten ruhen lassen. Das Mehl mit dem Salz, dem Ei, dem Öl und der Hefemilch zu einem glatten Teig kneten und mindestens 45 Minuten gehen lassen.
2. Die Spätzle nach dem Grundrezept Seite 14 mit dem Hobel zubereiten.
3. Für die Füllung die Zwiebel in feine Halbringe schneiden. In einer Pfanne den Speck auslassen, aus der Pfanne nehmen. Die Zwiebeln in der Butter 15 Minuten dünsten.
5. Den Backofen vorheizen und eine Tarteform mit Butter gut einstreichen und mit etwas Mehl ausstauben.
6. Den Hefeteig auf etwa 32 cm Durchmesser ausrollen, in die Form legen, mit einer Gabel den Boden mehrmals einstechen. Im vorgeheizten Ofen 6–8 Minuten bei 200 °C Ober-/Unterhitze (180 °C Umluft) vorbacken.
7. Für die Füllung Eier und Schmand verrühren, mit Thymian, Salz und Pfeffer würzen. Käse reiben.
8. Den Boden aus dem Ofen nehmen, Spätzle, Käse, Zwiebel und Speck daraufschichten, die Eier-Schmand-Mischung darübergießen. Im heißen Ofen backen. Backzeit: 30–35 Minuten bei 200 °C Ober-/Unterhitze (180 °C Umluft).
9. Vor dem Servieren 10 Minuten ruhen lassen. Warm oder kalt servieren. Dazu passt ein grüner Salat.

Allgäuer
Kässpatzen

Kapitel 5

Oh du süßes Spätzle

Auch als Dessert machen Spätzle eine gute Figur und versüßen uns gemeinsam mit Früchten und Vanillesauce gerne den Tag.

Mohnspätzle mit Kirschgrütze

Zutaten für 4–6 Personen

Für die Spätzle
400 g Spätzlesmehl
1–2 EL Hartweizengrieß
1 TL Salz
4 Eier
150–200 ml Milch

Für die Kirschgrütze
1 Glas Sauerkirschen
30 g Speisestärke
1 Pck. Vanillezucker
2–3 EL Zucker

Außerdem
30 g Butter
2–4 EL Mohn
gehackte Pistazien zum Bestreuen

Zubereitung

1. Für die Spätzle das Spätzlesmehl, den Grieß, das Salz, die Eier und die Milch zu einem Teig schlagen, 20 Minuten quellen lassen und mit dem Spätzleshobel Knöpfle hobeln – siehe auch Grundrezept Seite 14.

2. Für die Kirschgrütze die Kirschen abgießen, den Saft dabei auffangen und mit Wasser auf 500 ml aufgießen. Die Stärke mit ein paar Esslöffel des Saftes glattrühren. Den restlichen Saft mit dem Vanillezucker und dem Zucker in einem kleinen Topf aufkochen, die Stärkemischung mit dem Schneebesen einrühren und unter Rühren 1 Minute köcheln lassen, vom Herd nehmen, die Kirschen unterheben und abkühlen lassen.

3. In einer Pfanne die Butter erhitzen, den Mohn darin 1–2 Minuten unter Rühren rösten, die Spätzle unterrühren und warm werden lassen.

4. Die Mohnspätzle mit der Kirschgrütze anrichten und mit Pistazien bestreut servieren.

Schokospätzle mit Vanillesauce

Zutaten für 4–6 Personen

Für die Spätzle
300 g Spätzlesmehl
4 EL Kakaopulver
250 g Magerquark
4 Eier
100–140 ml Milch
1/2 TL Zucker
1 Prise Salz

Für die Vanillesauce
300 ml Milch
200 ml Sahne
1 Vanilleschote
30 g Zucker
2 Eigelbe

Außerdem
50 g weiße Schokolade

Zubereitung

1. Für die Vanillesauce die Vanilleschote längs aufschneiden und das Mark herauskratzen, zusammen mit der Schote, der Milch und der Sahne in einen Topf geben und unter Rühren aufkochen, vom Herd nehmen und zugedeckt 10 Minuten ziehen lassen.
2. Die Eigelbe mit dem Zucker schaumig rühren, die Schote aus der Milch nehmen, die Vanillemilch unter Rühren langsam unter die Ei-Zucker-Masse schlagen, dann zurück in den Topf geben und unter ständigem Rühren auf 80 °C erhitzen, bis die Sauce eingedickt ist. **Achtung:** Die Masse darf nicht kochen, sonst gerinnt das Eigelb.
3. Die Vanillesauce durch ein Sieb streichen und abkühlen lassen, dabei gelegentlich durchrühren.
4. Für die Spätzle das Spätzlesmehl, den Kakao, den Quark, die Milch, die Eier (eventuell 2 Eigelb durch 2–3 EL mehr Milch ersetzen und für die Vanillesauce verwenden), den Zucker und das Salz zu einem Teig schlagen, 20 Minuten quellen lassen und mit dem Spätzleshobel Knöpfle hobeln – siehe auch Grundrezept Seite 14.
5. Die Spätzle auf 4 Schalen oder 6 Gläser verteilen. Die weiße Schokolade raspeln und darüber verteilen und mit der Vanillesauce servieren.

Süße Walnuss-Spätzle mit Zwetschgen-Kompott

Zutaten für 4–6 Personen

Für die Spätzle
300 g Spätzlesmehl
250 g Magerquark
4 Eier
100–125 ml Milch
1/2 TL Zucker
1 Prise Salz

Für das Kompott
500 g Zwetschgen
200 ml Traubensaft oder Rotwein
1 Zimtstange
1 EL Speisestärke
Zucker nach Belieben

Außerdem
30 g Butter
5 EL grob gehackte Walnüsse
Zucker nach Belieben

Zubereitung

1. Für die Spätzle das Spätzlesmehl, den Quark, die Eier, die Milch, den Zucker und das Salz zu einem Teig schlagen, 20 Minuten quellen lassen und mit dem Spätzleshobel Knöpfle hobeln – siehe auch Grundrezept Seite 14.
2. Für das Kompott die Zwetschgen waschen, entsteinen und vierteln, mit dem Saft bzw. Rotwein und der Zimtstange in einen Topf geben, aufkochen und bei geringer Hitze 5–10 Minuten köcheln lassen, bis die Zwetschgen die gewünschte Bissfestigkeit haben.
3. Die Stärke mit 2–3 EL Wasser glattrühren, in das Kompott einrühren und 1 Minute weiterköcheln lassen. Die Zimtstange entfernen und das Kompott mit Zucker abschmecken.
4. In einer Pfanne die Butter erhitzen, die Walnüsse darin rösten, 1–2 EL Zucker dazugeben und karamellisieren lassen, die Spätzle dazugeben, gut vermengen und warm werden lassen.
5. Die Walnuss-Spätzle mit dem Zwetschgen-Kompott servieren.

Zimtige Apfelspätzle

Zutaten für 4–6 Personen

Für die Spätzle
300 g Spätzlesmehl
250 g Magerquark
4 Eier
100–125 ml Milch
1/2 TL Zucker
1 Prise Salz

Außerdem
3–4 Äpfel
etwas Zitronensaft
30 g Butter
Zucker und Zimt
nach Belieben

Zubereitung

1. Für die Spätzle das Spätzlesmehl, den Quark, die Eier, die Milch, den Zucker und das Salz zu einem Teig schlagen, 20 Minuten quellen lassen und mit dem Spätzleshobel Knöpfle hobeln – siehe auch Grundrezept Seite 14.
2. Die Äpfel waschen, entkernen und in Würfel schneiden, mit etwas Zitronensaft beträufeln und vermengen. In einer Pfanne die Butter erhitzen, die Äpfel dazugeben und 5 Minuten dünsten. Die Spätzle dazugeben und alles vermengen, dann 5–10 Minuten bei mittlerer Hitze braten.
3. Zucker nach Belieben hinzufügen und karamellisieren lassen, mit Zimt abschmecken und am besten warm servieren.

Das Allgäu tischt auf

Im Kochbuch »Das Allgäu tischt auf« finden Sie eine vielseitige Auswahl an Lieblingsgerichten Allgäuer Landfrauen – von süß bis salzig, von leicht bis deftig. Mit Raffinesse und individueller Note knüpft das originelle Kochbuch an die kulinarische Vielfalt des Allgäus an.

146 S., 14,8 x 21 cm, Spiralbindung,
***Best.-Nr. 0279**, Preis: 14,50 Euro**

Käsekuchen-Glück

Ob mit Früchten, Streuseln, Marmelade oder Schokolade, federleicht-luftig oder unübertroffen cremig, mit oder ohne Boden, auf knusprigem Mürbteig oder süßem Keksboden – die Auswahl im neuen Käsekuchen-Backbuch ist groß und köstlich.

122 S., 14,8 x 21 cm, Spiralbindung
***Best.-Nr. 0280**, Preis: 12,50 Euro**

**inkl. MwSt zzgl. Versandkosten*

AVA-Agrar Verlag Allgäu GmbH • Porschestraße 2 • 87437 Kempten
Telefon: (08 31) 5 71 42-13 • E-Mail: vertrieb@ava-verlag.de • Shop unter www.ava-verlag.de

Noch Fragen oder Anregungen?

Der direkte Kontakt mit unseren LeserInnen liegt uns sehr am Herzen. Wenn Sie also Nachfragen, Rückmeldungen, Anregungen, Verbesserungsvorschläge oder Kritik zu diesem Buch haben, freuen wir uns sehr auf Ihre Nachricht. Sie erreichen uns am besten via Mail an a.koessler@ava-verlag.de oder telefonisch unter (08 31) 5 71 42-51. Wenn Sie uns im Internet besuchen möchten, dann finden Sie uns unter www.ava-verlag.de

Herausgeber & Verlag:
AVA-Agrar Verlag Allgäu GmbH
Porschestraße 2 • 87437 Kempten/Allgäu
Telefon: (08 31) 5 71 42-0
Fax: (08 31) 5 71 42-22
E-Mail: vertrieb@ava-verlag.de
Internet: www.ava-verlag.de

Gesellschafter:
A. Kiechle, Fam. Kühnle, A. Weixler, Landwirtschaftsverlag Münster

Geschäftsführer:
Dr. Harald Ströhlein

Redaktion & Layout:
Anita Herta Kößler, Ulrike Steiger

Rezeptauswahl, Fotos & Umsetzung:
Mareen Kurray

ISBN:
978-3-944321-84-4

Druck:
Holzer Druck und Medien GmbH + Co. KG
Fridolin-Holzer-Str. 22+24
88171 Weiler im Allgäu
Telefon: (0 83 87) 3 99-0
E-Mail: info@druckerei-holzer.de
Internet: www.druckerei-holzer.de